AUTHOR INTRODUCTION 作者简介

王兴旺

中山鸿泰企业管理咨询有限公司创始人，高级企业管理顾问，企业经营与管理提升实践者。曾就职于珠三角大型外资、民营企业，历任基层主管、部门经理、常务副总经理、总经理等职，有近 20 年的大型外资、民营企业全盘管理经验。

作为资深职业经理人、制造企业管理改善专家，从一线实战基层主管到现代化企业变革经营的全盘高级职业经理人——CEO，积累了丰富的实战管理经验，并长期专注研究适应中国本土企业经营变革发展的管理方法。基于企业管理变革过程中的种种问题及解决方法，成功主导过企业局部和全盘性的管理变革，均取得良好的效果。

出版著作《优秀班组长工作手册——从班组长到总经理的实战经验总结》《卓越中层管理——从基层到总经理的高效进阶法》。

Excellent
Team Leader
Work Manual

优秀班组长
工作手册

王兴旺 著

企业管理出版社
ENTERPRISE MANAGEMENT PUBLISHING HOUSE

图书在版编目（CIP）数据

优秀班组长工作手册 / 王兴旺著 . -- 北京 : 企业管理出版社 , 2023.8

ISBN 978-7-5164-2873-3

Ⅰ . ①优… Ⅱ . ①王… Ⅲ . ①生产小组－工业企业管理－手册 Ⅳ . ① F406.6-62

中国国家版本馆 CIP 数据核字（2023）第 142557 号

书　　名：优秀班组长工作手册
书　　号：ISBN 978-7-5164-2873-3
作　　者：王兴旺
策　　划：朱新月
责任编辑：解智龙　曹伟涛
出版发行：企业管理出版社
经　　销：新华书店
地　　址：北京市海淀区紫竹院南路 17 号　邮　　编：100048
网　　址：http://www.emph.cn　电子信箱：zbz159@vip.sina.com
电　　话：编辑部（010）68487630　发行部（010）68701816
印　　刷：天津市海天舜日印刷有限公司
版　　次：2023 年 8 月第 1 版
印　　次：2023 年 8 月第 1 次印刷
开　　本：710mm × 1000mm　1/16
印　　张：19.25 印张
字　　数：250 千字
定　　价：68.00 元

PREFACE
序言

班组长进入企业培训第一方阵
汪中求

中国企业大面积接受管理培训应该起始于 20 多年前，近 10 年逐渐走高，一度过热。总结这 20 多年来企业培训走过的路，大约分为两个阶段：第一阶段是“振奋精神，提升自信”；第二阶段是“上下求索，鱼龙混杂”。“新常态”下，为深化供给侧结构性改革，国内企业面临更多考验，企业培训也会逐渐进入第三阶段，即“回归理性，学以致用”。

第一阶段有个重要人物不能不提，他就是来自中国台湾的陈安之先生。2008 年在上海的一次捐赠活动上，我和陈老师挨着坐，和他说了一段话，不知他现在是否还记得：“您在中国大陆培训界有两功两过。功之一是给中国大陆引入成功学，使改革开放后的中国大陆青年开始有了一点自信，敢昂首走出去，敢敲开人家总经理的办公室大门；功之二是使培训成为中国大陆的一个新产业，包括我也是受益者。过之一是您的成功学目标有些高，受过类似训练的小青年动不动就拍着胸脯说‘我能’，刚出校门似乎都可以当副总经理，凭什么？不知道；过之二是您的课程名为成功学，但内容基本是营销，主要是推销，很多案例也值得推敲。”

不管我对陈老师的评价有几分准头，但他对中国大陆培训行业的影响巨大且深远，至今还有很多老师走的是陈安之老师的路子，包括一些名牌老师，至少“背影”太像了。

记得有一首歌有一句歌词是“再也不能这样活，再也不能那样过”。

企业管理培训不能瞎折腾。当然，如果说的不是“企业管理”培训，那就不用讨论了，每个人都有权力去学佛、学道，任何人也无法阻挡你去传播“亮剑精神”。但如果是实实在在的企业管理培训，就得回归理性，就得清楚地知道企业到底需要什么，怎么做才能对员工有益。

我读过一本书叫《思考中医》，作者刘力红博士讲中医原理，说实话我也不懂，但其中提到的“药”“病”“症”“因”“机”“宜”几个概念及其关系对我很有启发。

“医之不存，药将焉附。”若不知道怎么治病，甚至连病都没弄明白，药有什么意义？这是很简单的道理。但是，企业管理培训“不谈医，只论药”的现象很普遍。如果企业培训是为了治病或强身，课只是“药”或“保健品”，那么企业需要先弄明白目前问题在哪儿，如何确认已经发现的问题，若干问题有怎样的轻重缓急关系，怎样做才能解决或部分解决问题，借助什么力量解决问题……“课”不重要，“药”不重要，至少“课”与“药”不须优先考虑。

以上提及的“管理问题”就是“病”，但“病”是有“症”的，“病”是根据“症”得出的判断。企业管理表现出来的“症”形形色色，背后存在不同的“因”，因此同一种“症”可能源于不同的“因”，自然就不一定是同一种“病”。比如，员工迟到这种“症”，有可能是完全不同的“因”，更不是同一种“病”。有的迟到由员工偶尔出现的个人及其家庭因素造成，有的可能是企业太少考虑员工住宿条件和交通条件所致，也有因月度奖金发放不合理而短时间内集中出现员工迟到，甚至直属上司领导方式不当或徇私舞弊都会增加员工迟到的可能。如果大面积的经理级人员迟到，那就很危险，得考虑有没有集体跳槽的可能，迟到有时是跳槽的前兆。这些大概就是中医讲究的“辩证求因，审因论治”。

中医说“上工察微，下工察同”，意思是好的医生会从细微之处分析各种可能性，一定要准确把握“病”“症”“因”，但是比较差的医生总是很简单地把某种“症”看成相同的“因”，草率地认定为相同的“病”来治。清末《医法圆通》的作者郑寿全说：“用药一道，关系生死。原不可以执方，亦不可以执药。贵在认证之有实据耳。”认证，太重要了。不要执着于某一种“处方”和某一种多么有效的“药”。

中医还讲“临症察机”。这个“机”我解读为机理、原理或逻辑，也就是这个“病”是怎么形成的。对于企业管理存在的问题同样需要分析它的形成过程和内在联系，不宜武断地下定论。比如，很多企业老总常常抱怨员工“不搞培训就埋怨公司不安排，安排了培训又不愿参加，参加了也没热情”。企业上层其实应该多问几个问题：员工希望安排怎样的培训？公司安排的培训是否真的符合员工的愿望？公司调查过员工的培训需求吗？对于需求的了解是否走了下沉的程序？公司做过“首先不是公司的需要，而是员工的需要”的培训吗？员工真的对培训（包括学开车、学化妆）都没热情？以上我们可以理解为对“机”的深入思考。

中医还讲究一个“宜”字，“宜”可以理解为适宜的环境，就是要充分考虑环境与人们健康的关联。据说，南宁有位知名中医曾大夫，每天能看200号病人，高峰时超过300号。“宜”清楚，“机”易于带出来，“方”就很快跟进了。古医书《素问》中说，“不知年之所加，气之盛衰，虚实之所起，不可以为工矣！”像曾大夫深知气宜，可算上工之医了。

对“药”“病”“症”“因”“机”“宜”谈这么多，最终还是要归到培训上来。企业管理培训，首先不是上什么课、上谁的课，而是要从现象到问题分析管理现状，进而研究问题的成因和形成过程，明确存在问题的核心所在，同时充分考虑企业内外环境（中医称之为“显气宜”和“隐气宜”）对员工的负影响，然后确定解决问题的办法。

谁最清楚一家企业的管理之“病”和“症”？最基层的管理者；谁最有可能准确判断企业自身的“病因”及“机”“宜”？班组长。那么，“方”和“药”由谁出？当然不应该是“外来的和尚”。在日本大多数制造企业，班组长基本上是工龄时间很长且在某个工序中具备过人本领的人，被称为“匠”。他们熟练掌握工厂内90%的工序，更重要的是能得到大部分人的肯定。今天的很多日本之“匠”已成为培训新人的老师。新入职者都需要听取老员工关于操作技能甚至为人处世等方面的“训诫”，希望他们未来能“站在巨人的肩膀上”创造辉煌。

因此，本书重点讲述了班组长角色定位及工作标准、班组长现场管理知识、班组长与成本管理、班组长与目标管理、班组长与生产设备及工具管理、班组长与生产物料管理等内容，让班组长培训进入企业培训第一方阵，为企业发展壮大打下坚实牢靠的基础。

CONTENTS

目录

CHAPTER 1 第一章 班组长角色定位及工作标准

CHAPTER 2 第二章 班组长现场管理知识

第三章 CHAPTER 3 班组长与成本管理

CHAPTER 7 第七章 班组长与质量保证

班组团队管理 CHAPTER 8 第八章

班组长与精益生产 CHAPTER 9 第九章

CHAPTER 12 第十二章 班组长与现场安全管理

1 CHAPTER

第一章

班组长角色定位及工作标准

第一节
班组长角色定位

> 班组长是企业组织的最基层管理者，代表了不同岗位角色，因此，班组长必须认清自己的工作角色，找准工作方向，这有助于班组长各项工作的顺利开展。

班组长是指在生产现场直接领导和指挥生产一线员工生产作业并对结果负责的管理人员，是企业最基层的管理者。不同的企业对班组长的称呼各不相同，如领班、组长、拉长等都是指企业生产班组长。

一、班组长的角色认知

企业组织结构从纵向可划分为三个层次：经营层、管理层和执行层，如图 1-1 所示。

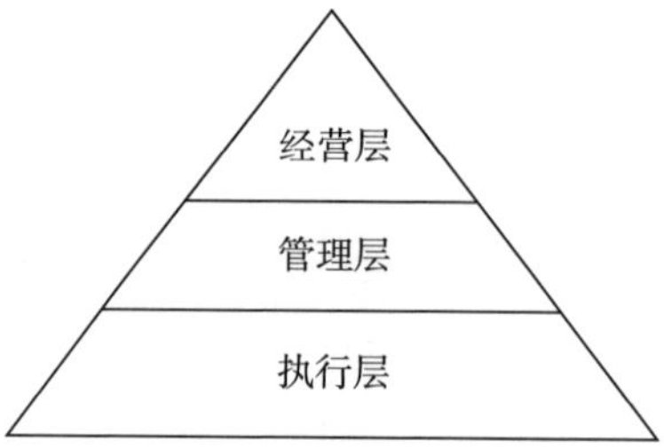

图 1-1　企业组织结构纵向划分的三个层次

经营层是指董事长、总经理，负责企业战略的制定及重大决策。

管理层是指部门经理、主管等，负责部门的组织工作，以及协调生产管理活动所需的各种资源。

执行层是指最基层的管理者，例如班组长、工段长，更多是指领班。

班组长在企业生产系统中的角色一般分为：对下级代表企业管理者、对上级代表执行者，对同级代表同事和不同角色、作用、关系等，具体情况如图 1-2 所示。

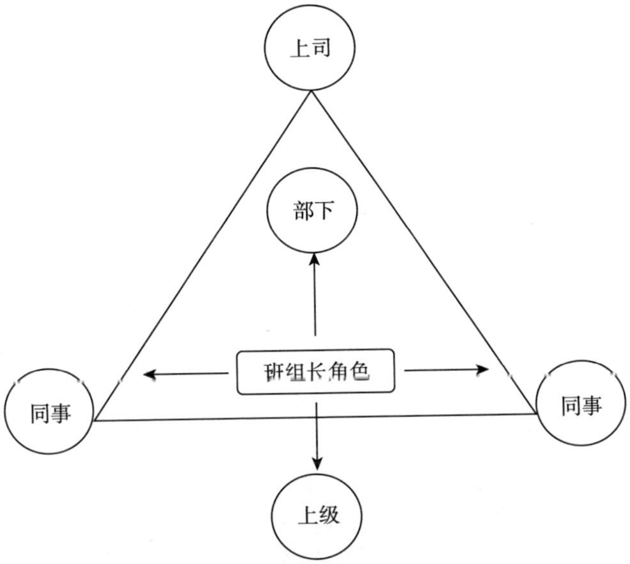

图 1-2 班组长组织角色关系示意图

1. 从员工的角度

班组长在企业组织架构中属于执行层面，也是企业的基层管理者。班组长代表企业经营管理者对企业成员进行工作安排并发出指令，最终由班组成员按照管理者的工作安排来完成工作指标。因此，班组长从员工的角度看代表了企业管理者，具体体现在以下四方面。

① 班组长角色定位是企业组织架构中的基层管理者，属于基层管

理执行层面，并按照企业管理层工作指令达成工作目标。

② 班组长在班组团队的立场是代表企业，并非代表个人。

③ 班组长以实现团队目标为工作核心并承担相应的责任。

④ 班组长有企业经营管理者的授权，具有对工作执行的计划、组织、指挥、协调、控制等管理权限。

2. 从企业的角度

班组长的工作任务是按照上级派发的生产计划，采取一定的管理方法及措施，有计划、有组织、有目标、系统地完成企业或上级下发的工作计划或工作目标。在管理活动中，班组长的管理活动具有带领班组成员共同完成企业目标的行为特点。因此，从企业的角度看，班组长代表了执行者的角色，具体表现在以下两方面。

① 班组长所有的工作目标都是以企业或上级签发的工作计划指令为工作依据。

② 班组长的管理工作围绕工作目标进行，出现偏差及时纠正，以保证工作计划顺利进行。

3. 从同级的角度

企业生产系统是由不同生产车间及班组构成，各生产班组的班组长在生产活动中具有相同的作用和相互支持、帮助合作的关系，从企业班组同级的角度来讲，属于工作中的同事。通常，班组长对于同级班组长同事的角色具体体现在以下几方面。

① 班组长在企业组织架构中具有相同的生产作用。

② 班组长与其他班组长是生产系统中基层团队的管理者。

③ 班组长与其他班组长在生产过程中是相互支持的合作者。

4. 班组长四种工作关系

班组长不只是班组团队的管理者，更是和企业与班组团队成员共同发展的共同体，形成了合作、伙伴、学习、成长四种关系，具体如图 1-3 所示。

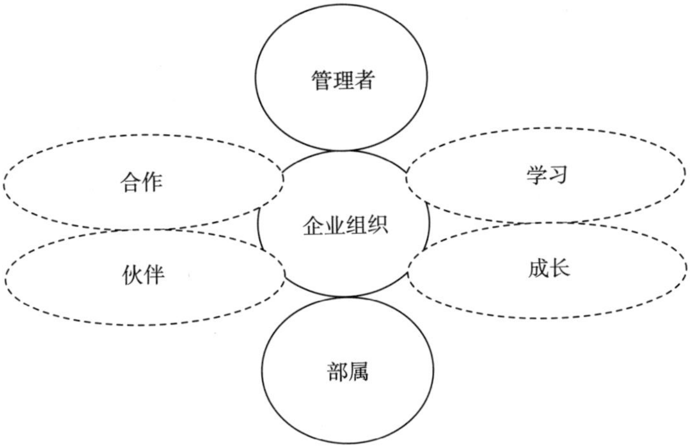

图 1-3　班组长四种关系示意图

① 合作：班组长与企业及员工是一种合作关系。

② 伙伴：班组长与班组团队员工是一种伙伴关系。

③ 学习：企业经营需要变革和可持续发展，班组长也需要不断学习，从而与企业共同成长。

④ 成长：班组长的岗位职业规划与企业经营发展有共同成长与发展的关系。

二、班组长的作用

生产班组是企业的“细胞”，班组管理是企业管理的基础。无论企业属于什么行业、涉及什么工种，都拥有共同的管理方法和管理对象。班组长不但直接承担一定的生产任务，而且负责输出产品和服务，因此，班组长的作用主要体现在以下三方面。

1. 带头人

班组长是生产班组团队员工的直接上级，负责作业指导和评价，是班组团队的主心骨、带头人。因此，班组长影响着团队决策的实施，哪怕决策再好，若执行得不好，决策也很难落到实处，最终将影响企业目标的实现。

2. 沟通桥梁

班组长是执行生产计划命令的决策者，是上级主管和班组作业人员之间的桥梁。班组长处于各种关系的交汇点，因此，生产班组长要协调上下级之间、班组之间、班组成员之间的关系，化解矛盾，促进各方面关系的和谐。所以说，班组长既是承上启下的桥梁，又是连接下级员工与上级领导的纽带。

3. 技术教练

班组长是实施生产计划的直接组织者和参与者，既是生产技术骨干，又是业务操作的多面手，对于新进员工必须进行安全规范、生产操作、检验标准等系统性的相关工作指导和教育培训。

第二节
班组长职业素养和职业心态

班组长是生产一线的直接指挥者和管理者，优秀的班组长不但需要出类拔萃的业务优势和技术优势，更需要良好的职业素养和职业心态。

班组长是指利用企业在生产现场的有限资源，及时组织生产和过程控制，保质、保量按时完成生产工作任务的管理者。因此，作为一名优秀班组长，必须具备一定的职业素养和职业心态等相关必备条件。

一、班组长的职业素养

班组长职业素养是指班组长在日常管理活动中应遵守和符合职业特点要求的行为准则与内在品质，是班组管理过程中表现出来的综合品质，包含文化知识、职业道德、职业技术、组织管理、责任意识等方面。所以说，班组长的个体行为总和构成了其自身的职业素养。

1. 文化知识素养

文化知识素养是指班组长在同上级领导和班组成员进行语言交流所需素养的总和，包括工作事务处理等方面的文化涵养，体现出班组长举止谈吐的典雅形象。班组长同上级进行沟通或汇报工作时，应通过良好的语言表达直接恰当地表述工作结果。

班组长与班组团队成员进行的语言沟通应体现出对员工的关爱、体贴，并且能够让员工很清楚地知道班组长的工作指导或表述。

2. 职业道德素养

职业道德素养是指班组长能够按照职业道德基本原则和规范，在管理活动中所进行的自我教育、自我改造、自我完善，形成良好的职业道德品质，是一种自律行为。

职业道德素养关键在于“自我锻炼”和“自我改造”。班组长作为企业的管理者，必须具备一定职业道德素养，一方面要靠自律，依托文化基础教育和企业教育培训；另一方面取决于自身的主观努力，即自我修养。两个方面缺一不可，而且后者更为重要。

3. 职业技术素养

职业技术素养通常是指班组长对产品制造工艺、管理技术、操作规范等基础理论知识和生产管理实践方面的素质，主要体现在对生产目标的效率管理、质量控制、设备管理、物料管理、现场管理及生产派工、作业指导培训、专业技能培训等方面。

其中，专业素养涵盖一定的产品知识、职业思想、职业习惯、职业技能及生产管理基础知识，能在实际工作中得到运用，有助于班组生产管理工作的顺利开展。

4. 组织管理素养

组织管理素养是指班组长在班组团队管理工作中，能够客观公正地对待班组每一位成员，对事不对人，原则立场强，工作分配合乎情理。班组长不可欺软怕硬、作决策不可感情用事，在管理制度面前要人人平等，对待工作要实事求是。这也是企业对管理者的客观要求，更是班组团队成员的期望。因此，一名合格的优秀班组长必须具备并体现出良好的组织管理素养。

5. 责任意识素养

班组长的责任意识是指对企业班组员工及管理者自身的态度，是对企业管理岗位的责任和履行义务的自觉态度。班组长管理一个班组团队，必须不断增强责任意识并担负起安全生产、优质高效管理工作的重任，这也是企业对班组长任职的基本要求。

二、班组长的职业心态

职业心态是指班组长根据岗位职责的需求表露出来的心理状态，即班组长在岗位管理活动中对自身工作岗位及其职业能否成功的心理反应。

职业心态也是一个人的心理素质，对于班组长来说非常重要，班组长只有具备稳定的心态，才会带领班组团队创造很好的业绩。班组长管理岗位处于企业组织结构的最基层，要面对复杂烦琐的生产工作事务和上级主管的工作要求。因此，企业常常将职业心态素养作为衡量班组长综合管理能力的指标或任职的条件之一。所以，身处生产一线的班组长，必须端正自己的态度，拥有良好心态。

1. 班组长的阳光心态

阳光心态是积极、知足、感恩、客观的一种心智模式。有什么样的心态，就会有什么样的人生。积极、正面的心态能帮助我们获得健康、快乐和富有；而消极、不良的心态带给我们的只会是痛苦。心灵的力量是无穷的，只要拥有阳光乐观的心态，就能在工作中宠辱不惊，战胜各种困难。例如，班组长在工作中会遇到物料包装异常、人员操作不当、设备运行超速和生产任务紧急等各种异常或突发情况，这时就需要班组长具有良好的职业心态，在面对各种困难时调整好自己的心理状态并有条不紊地处理好各类生产异常情况。

小李毕业于中国某名牌大学，一毕业就进入一家外资企业从事行政管理工作，通过不断努力升职到副主管，在这个过程中，他学习到不少行政管理方面的相关知识技能。之后他跳槽进入一家民营企业担任行政部经理，上任之初感觉周围的这些同事并不是什么大学毕业，并且有的同事是从基层提拔上来的，在工作一段时间之后他凭借在外资企业学习的工作技能和优势，开始轻视这些同事。他总感觉这些人什么都做不好，并开始对周围的人和事发牢骚、抱怨甚至批评。直到有一天，行政部的同事到老板那里集体辞职，老板才发觉事态的严重性，通过了解才知道，刚进入民营企业的小李并没有以阳光的心态对待周围的同事，更缺乏对部属的关怀，最后老板不得不辞退了小李这位刚刚引进的行政管理人才。

2. 班组长的积极心态

积极心态主要是指积极的心理态度或状态，是个体对待自身、他人或事物积极、正向、稳定的心理倾向，它是一种良性的、建设性的心理准备状态。面对工作中的问题、困难、挫折、挑战和责任，班组长可以从正面去想，从积极的、可能成功的一面去想，积极采取行动，努力去做，在工作中多运用可能性思维、积极思维、肯定性思维去处理问题。积极心态不光是一种工作态度，也是一种生活态度，阳光般地把工作和生活中的一切困难和问题当作一种历练。因此，班组长在面对种种困难时，要有自信，敢于挑战，用美好的感觉去影响别人。

3. 班组长的执着心态

执着心态是指班组长对积极达成工作目标的信念应有极强的渴望，对实现工作业绩目标应体现出坚持不懈的意志。在此，强调班组长对工作执着的心态，更多的含义在于强调一种专注和投入的精神，强调一种对自身的职业规划发展和人生价值观与信念的坚持。执着是个人意志的固着变化和外在表现，在一定条件下能够帮助班组长克服管理工作中遇到的种种困难。

4. 班组长的空杯心态

空杯心态是指班组长在工作中要有从零学起、永不自满的良好心态。班组长应通过工作学习各方面的管理知识和总结工作经验，不能有骄傲自满的心态。这里并不是一味地否定过去，而是要怀着一种学习态度，或者说放空过去的态度，融入新的环境，接受新的思想和未知领域的知识。

空杯心态是对班组长职业生涯的一种自我挑战，是对自我的不断扬弃和否定，是一种忘却以往的成功心态。作为一线管理者需要不断学习，追求没有树立过的目标，不断洗涤自己的大脑和心灵，使自己养成一种与时俱进的行为习惯。

第三节
班组长的职能、职责及权限

为了完成班组生产工作目标，班组长需要对团队进行管理和生产派工，前提是必须弄清楚自身的职能、职责及权限，这是班组长执行工作计划的基本要求。

企业的生产工作任务是通过班组长的领导贯彻落实而最终完成的，因此，班组长明确工作职能、职责及权限有助于在生产现场进行组织管理和创造利润。

什么是职能？职能是指人、事物、机构所应有的作用。什么是权限？权限是指为了保证职责的有效履行，对某事项进行决策的范围和程度。

一、班组长工作职能

通常，班组长管理职能包括计划、组织、指挥、协调、控制等，以利用企业分配的有限资源实现利润最大化为管理目标。

1. 生产指挥

生产指挥是班组长的基本职能之一，保质、保量按时完成生产目标，实现产品输出服务，这是班组长在指挥过程中实施各项管理工作的主要职能，也是企业赋予班组长必要的管理职能，代表了企业的立场。

2. 现场管理

现场管理是班组长的主要工作内容之一，要求班组长熟悉并掌握生产作业的管理方法及改善措施，针对生产过程检验和标准化管理进行有效控制，确保现场均衡生产并对品质异常进行监督及改善控制等，如生产派工、均衡生产、产品工艺管理、物料管理、现场5S管理、机器设备管理等，以保证生产过程管理处于受控状态。

3. 品质控制

品质控制是班组长的主要管理职能之一，产品质量是满足市场和客户的基本要求、更是企业赖以生存的重要条件，因此它是班组长在生产管理过程中加强质量管理的重要环节，也是班组全员参与品质管理的一项重要活动。

4. 效率管理

效率管理是指班组长带领班组以有限资源，通过全员参与管理和有效方法，不断挖掘生产潜能，在保证产品质量的情况下达到班组工作定额标准和生产效率要求。效率管理是企业实现可持续经营发展和基本管理方针的前提。

5. 成本管理

成本管理是班组长的重要管理职能之一，是企业经营管理的方向及目标，它包括人力成本、物料成本及全员投入的各种资源等成本，成本管理控制更是关系到企业持续经营和发展。

6. 安全管理

安全生产是确保企业实现正常经营发展的重要基本保障，所以严格执行安全生产管理工作方针和安全生产全面管理是班组长的重要管理职能，例如制定设备安全操作规范、组织安全意识培训、建立设备点检制度、监督班组成员安全操作生产设备等情况。

生产班组是企业最基层的团队，班组长作为生产一线的管理者，最基本的工作职能就是保证产品质量、提升生产工作效率、全面降低生产成本和预防工伤事故的发生。

二、班组长岗位职责

班组长岗位职责指企业班组长岗位所要求的工作内容及应当承担的责任范围。工作岗位是企业组织为完成某项任务而设定的，它由工种、职务、职称和等级等内容组成。职责是职务与责任的统一，由授权范围和相应的责任这两部分组成。

通常，班组长岗位职责依托企业管理流程和上级领导开展各项工作，具体包括以下几方面。

1. 班组团队建设

班组长的首要职责就是建立并带好班组团队，组建企业核心生产班组。

① 熟练掌握企业班组团队建设与管理方法，采取有效方法进行教育培训、工作指导并组织班组成员学习和遵守企业各项规章制度，积极配合上级主管领导完成下发的各项工作目标。

② 根据企业下发的生产任务进行目标分解，并组织班组团队成员团结协作完成工作目标。

③ 负责本班组团队的绩效管理和利益分配管理。

2. 生产效率

① 根据上级领导下发的生产工作任务，依据班组结构与产能负荷来编制班组生产作业计划，进行生产派工并及时组织生产。

② 对于异常处理，因故不能按时完成生产计划时，及时向上级汇报并请求支援。

3. 产品质量

① 对领取的各种生产物料，包括外协加工生产的零配件、半成品进行严格的检验控制，保证所有物料、零件的生产符合产品质量标准。

② 严把生产过程的检验控制，强化生产作业标准和检验控制，避免出现批次不良的质量事故。

③ 强化班组质量管理培训，让班组成员深入了解产品质量保证的重要性。

4. 安全管理

① 结合生产企业实际情况，经常组织车间班组员工进行安全生产教育培训，以提升自我安全防护意识。

② 全面落实企业各项安全生产规章管理制度和安全监督操作规范。

③ 贯彻落实设备点检制度和操作规程，减少因违章操作造成的安全工伤事故。

三、班组长的权限

权限是指为了保证班组长工作职责的有效履行，企业必须赋予班组长对班组管理活动进行决策的范围和程度。权限即权利的范围，往往与所处的职位息息相关，这里是指班组长拥有与其岗位相对应的权限。权限管理是班组长的一种管理工作方式，通常包括以下几方面。

1. 指挥管理权

班组长的指挥管理权具体包括有权计划安排、分解工作指标，有权生产派工，有权工作调动，有权在班组内部协调和发出管理指令。

班组长要想正确使用指挥管理权，就必须遵循企业生产客观规律，服从主管领导的统一指挥，落实上级领导的监督管理，尊重班组员工，抓好前后工序之间的均衡生产。

2. 班组人员调配权

班组长有权对班组团队的所有员工进行工作调配以实现优化组合，有权批准权限范围内的假期、生产轮班调休，有权执行企业或班组工作纪律和维护班组生产秩序。

3. 完善班组制度权

班组长有权结合本车间班组的实际情况，对企业相关规章制度进行完善，主要内容有贯彻企业生产系统相关制度的实施细则，落实车间班组管理责任制的实施执行及规范，执行各工作岗位责任制和安全生产责任制、产品质量责任制度、生产工序检验制度，以及本班组其他方面的相关制度。

4. 拒绝违章指挥和停止违章作业权

班组长依据国家相关法规和政府部门的规定，有权对违章指挥提出意见或拒绝执行；当发现生产设备运转不正常、工艺文件不齐全及主要生产原材料无使用说明书或合格证时，有权暂停设备运转；员工违章操作时，有权立即加以制止，若操作者不听劝阻，班组长有权令其停止工作，直到危害消除。

5. 班组员工奖惩建议权

班组长有权向上级领导提出本车间班组所有成员的意见、建议及诉求，包括晋升、涨工资、产品质量奖励、颁发奖品、其他奖金、先进班组荣誉称号、管理制度或合理性建议、经济性惩戒或行政处分等。

6. 班组内部奖金分配权

班组长有权制定本车间班组内部奖金分配方案，对班组团队成员的工作绩效情况进行评定或考核，并按照实际工作情况分配奖金，实施奖勤罚懒，是班组长组织管理的基本权限。

7. 班组人才举荐权

班组长根据班组团队成员德、才、效等优点，有权向企业或上级领导举荐人才，推荐本班组优秀员工深造培训、晋升或调到合适的相关岗位。

8. 维护班组员工合法权益

班组长在日常管理工作中，应依法维护员工在劳动合同、劳动保护、安全生产、工资待遇、工资福利、发明创造、劳动休息、工会监督管理等方面的合法权益；对于侵犯员工合法权益方面的人和事，有权在弄清事实、辨别是非的基础上依据有关政策和法规规定，向企业工会或上级领导提出意见和建议。

2 CHAPTER

第二章

班组长现场管理知识

第一节
班组长应具备的任职资格

要想成为一名合格优秀的班组长，首先必须具备班组长基本的任职资格，如果连任职资格都不具备或者在某些管理方面存在严重欠缺，成为合格乃至优秀的班组长就如同空中楼阁，任何工作的开展都毫无意义。

一、现场管理知识

现场管理是指以科学的管理制度、标准规范和管理方法对生产现场各生产要素（包括管理人员、操作员工、技术人员、机器设备、工具、仪器、工装夹具、原材料、制造工艺、检验方法、生产环境、资料信息）进行合理有效的计划、组织、指挥、协调和控制，使其处于良好的结合状态，最终以输出产品为目的的一种管理活动。

1. 现场管理六大生产要素

生产要素是指制造企业生产系统的配置资源，是生产制造必须具备的基本因素。随着社会进步和企业经营快速发展，信息管理也作为相对独立的要素纳入生产管理系统，六大生产要素包括人员（人）、机器（机）、物料（料）、工艺（法）、环境（环）、信息（资）。

因此，所有生产管理工作都蕴含着以生产要素为管理基础的运作体系，如图 2-1 所示。

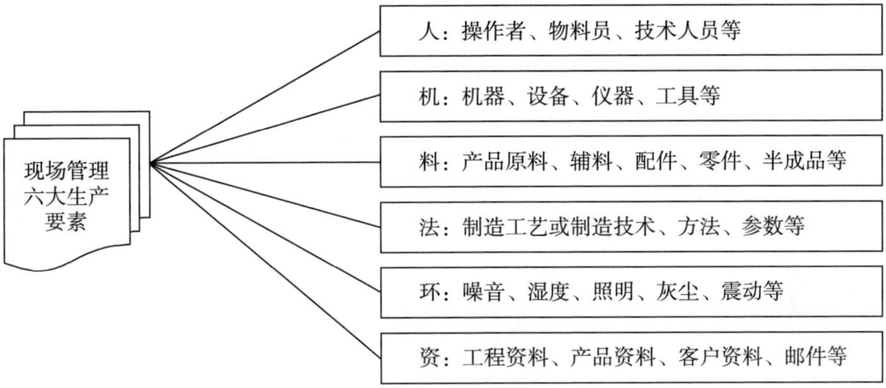

图 2-1　现场管理六大生产要素

（1）人——班组人员管理。

人是指班组的所有人员，包括物料员、生产员工、质检人员、技术人员等。因人的性格特点存在差异性和情绪的波动，对工作的态度、生产效率、产品质量都会被影响。在日常生产管理工作中，班组长应做好工作安排，使班组人员发挥各自的“特点”，避开劣势，充分发挥优势，合理利用好一切人力资源。

总之，在人为性因素的影响下，会存在员工质量意识差、工作不认真、缺乏责任心、违章操作、生产技能不熟练等情况。因此，班组长应依据生产作业计划对生产人员的操作能力进行匹配，合理地安排、布置工作任务，同时做好预防措施。

① 强化班组人员产品质量意识培训，促进车间班组全员参与品质管理。

② 规范岗位人员操作标准，减少依赖生产人员管控的做法。

③ 完善品质检验管理制度，实施生产人员自检、互检，控制产品质量。

④ 加强生产人员操作技能培训，保证产品质量。

⑤ 组织车间班组产品质量管理活动，提升班组成员的产品质量责任意识。

⑥ 加强车间班组核心团队建设与岗位“多能工”的培养，稳定产品质量。

班组长对班组员工生产派工包括五个方面，即个人特性、科学配置、专业岗位、新员培训、岗位匹配，如图 2-2 所示。

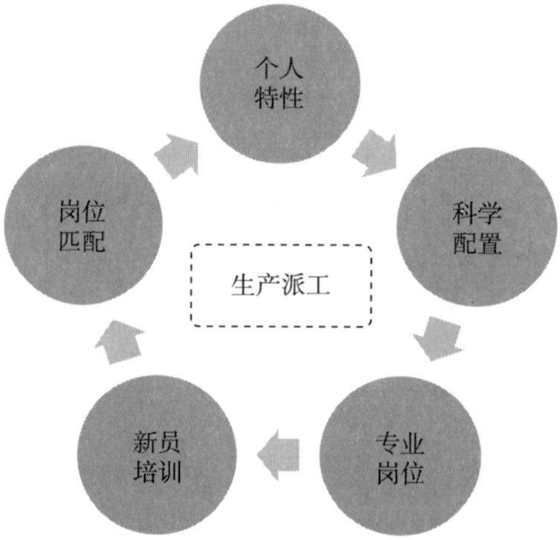

图 2-2　生产派工五个方面

班组长安排工作后，应做好工作指导、巡查和预防措施，降低发生操作岗位失误的概率，控制、减少损失和风险。

（2）机——机器及设备管理。

机器设备管理是指生产活动所使用的相关机器或设备，在生产管理活动中是否按时完成生产工作任务。机器的运转情况会对生产进度、产品质量等产生重要影响。因此，机器设备管理是班组长管理工作的主要职责之一，班组长应根据机器设备的特性、生产工序、品质等影响因素，对生产机器、设备、仪器等规范管理，减少和降低机器设备的故障率，具体方法如图 2-3 所示。

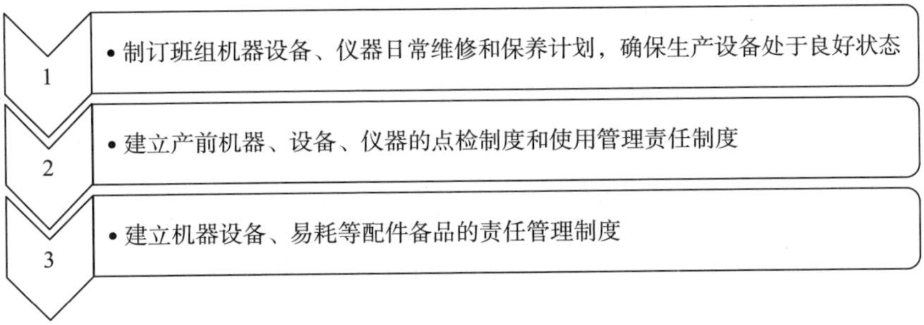

图 2-3 机器设备管理具体方法

（3）料——物料管理。

料是指生产活动必须使用的原料、辅料、配件、半成品等产品用料。物料的领取、储存、搬运管理控制过程，是对产品质量的保证，所以对生产物料的管理及过程实施控制，是降低产品质量隐患和物料损耗的关键环节。因此，生产班组长必须对生产物料进行规范管理和有效控制，鉴于仓库和车间的距离，生产物料管理应遵循适量、适时、适价、适地、适质的原则，简称“5R 原则”，如图 2-4 所示。班组长应依据生产计划，按照“5R 原则”合理组织安排领取、搬运、储存等。

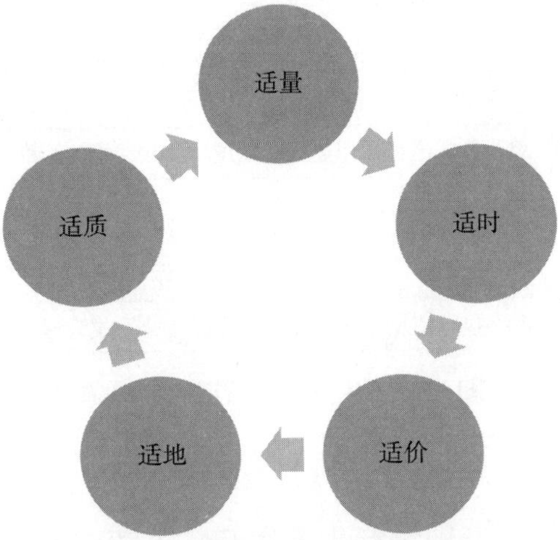

图 2-4 生产物料管理“5R 原则”

① 适量是指依据生产计划需求核定领取相应数量，保障现场物料使用、产出平衡。

② 适时是指在上线前规定的时间内领取物料，满足生产需求，避免过于提前或延误领料影响生产工作。

③ 适价是指按照核定的 BOM 表领取相应的价值物料，使用匹配产品需求的物料生产合适的产品。

④ 适地是指规范车间物料储存区域，便于生产使用和安全存放。

⑤ 适质是指按照工程资料领取核定的物料。

（4）法——生产工艺管理。

法是指产品生产工艺，包括作业方法和生产技术等，是实现输出产品的核心关键要素。成熟的生产工艺能够制造出满足客户需求的合格产品，如在生产过程中发生偏差，则会产生严重的品质隐患甚至事故。因此，加强生产工艺管理和生产作业控制，是减少品质隐患、保证产品质量的管理要素。生产工艺管理控制措施主要包括以下五种，如图 2–5 所示。

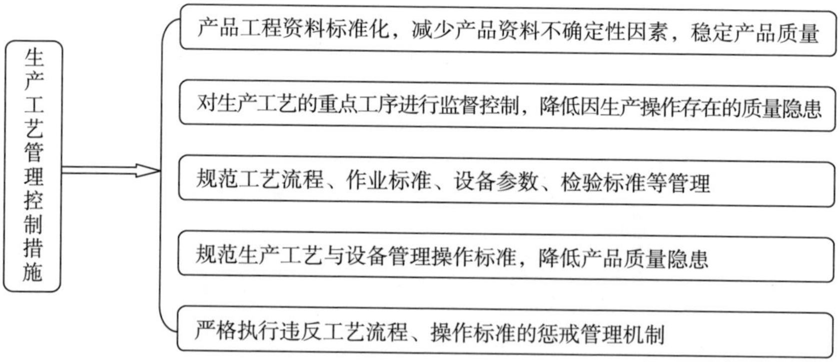

图 2–5 生产工艺管理控制措施

（5）环——现场环境管理。

现场环境是指生产现场产生的噪音、湿度、照明、灰尘、震动和室内污染情况的总称。现场环境管理的目的是为生产线员工提供良好的工作环境，使他们能够在心情舒畅的状态下生产作业，并且要求现场环境符合产品生产标准要求。

班组长应根据产品生产环境的不同要求进行现场环境改善管理，为了保证生产环境符合生产标准要求，班组长应做好以下四方面，如图 2-6 所示。

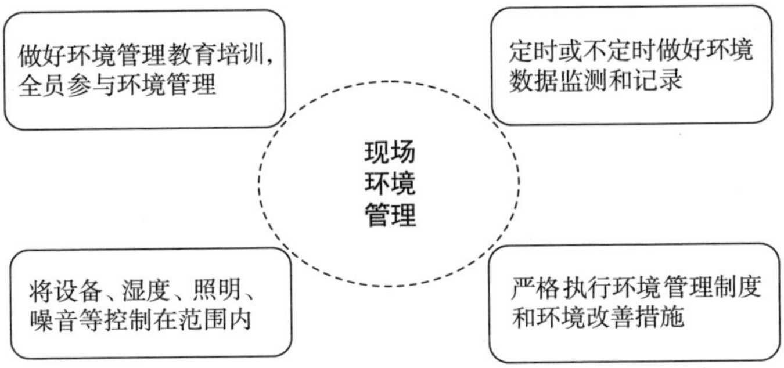

图 2-6　班组长现场环境管理要点

（6）资——生产信息管理。

生产信息管理是指对生产过程中涉及的相关工程资料、邮件、图纸、客供资料等进行编制、整理、归档、签发、发放、受控、使用、变更、回收、作废等管理过程的总称。班组长管理工作的开展是依据生产信息的指导要求进行一系列生产统筹、计划安排、管理实施的过程，所有相关生产管理信息都关系到产品质量和生产效率。因此，班组长应加强生产信息管理控制，标准如表 2-1 所示。

表 2-1　班组长生产信息管理标准

项目	管理标准
领取、识别、存档	班组长在收到相关产品信息后，先识别文件重要性，后规范使用及存档管理
查阅、传阅和宣导	使用资料时及时查阅、传阅和做好班组宣导，使班组全员明确工作要求及目标
使用及归档	资料阅读后及时归档，避免使用、存放不当而遗失

续表

项目	管理标准
专人负责	相关产品信息资料需要生产文员等专人负责管理，便于使用和存档管理，也可安排其他人员兼职管理，但必须按照标准进行文件管控
执行信息资料管理制度	严格规范、执行文件资料管理制度，保证文件资料的规范使用及控制管理
其他信息	所有生产信息第一时间做好标记和保存，便于查找，如电子邮件或客供等资料

班组长在分配生产任务、品质检验监督、生产变更等方面都要依据生产信息资料的沟通传递要求进行，所以，生产信息管理是班组长日常管理工作的关键点。

2. 班组长现场管理三大工具

要想成为一名优秀的班组长，必须全面熟练掌握生产管理系统的工具与方法，并且有足够的实务运作管理能力。总之，班组长必须能够独立开展业务活动，须掌握以下三种现场管理工具。

（1）标准化。

所谓的标准化就是将生产现场各种各样的运作形成规范，例如规则、规定、要求要领等，这些规范形成的文字统称为标准或标准文件。标准化管理可以控制和减少错误的发生。

例如，生产人员在操作时执行同样的生产动作，最终的结果却各不相同，导致影响产品质量，原因就是缺乏工作标准而形成偏差。因此，生产操作应实施标准化，生产工作的结果自然就会相同，稳定了产品质量。

（2）目视管理。

目视管理是指通过视觉辨别使人的意识变化的一种管理方法。它利用人的视觉感官将相关管理事项转化为浅显易懂的颜色、文字、图标、图片等方式，从而达到提醒、警示、预防的目的，有利于全面提升现场管理工作效率。目视管理主要有三个特点。

① 在生产现场，任何人都能判明生产过程的好坏（或异常情况）。

② 在生产现场能迅速做出判断，精准度高，涉及环境、秩序、品质、效率、士气等。

③ 视角观察的判断结果不会因人而异，而是客观的。

（3）看板管理。

看板是管理可视化的一种表现形式，可对数据、记录信息等状况一目了然地表现，随时掌控生产现场管理数据并及时做好处理改善。通常生产现场使用的看板有以下四种。

① 生产计划进度跟踪表看板，它是生产经营者为达成当日生产计划和实现生产目标数据的管理看板，是随时了解生产目标完成情况或及时调整、改善所应用的生产看板。

② 班组生产进度跟踪看板，它以时产记录的形式跟踪实际生产数量，随时掌握误差，便于及时查找原因、修正和改善。

③ 产品质量一览表看板，它可以清晰记录、显示出生产现场的品质状况，用数据和图标清晰地标示。

④ 6S 管理看板，它能显示生产部门或班组 6S 管理工作的推行实施和改善状况。

3. 生产管理的工作内容

通常班组长生产管理的工作内容主要有八大模块，如图 2-7 所示。

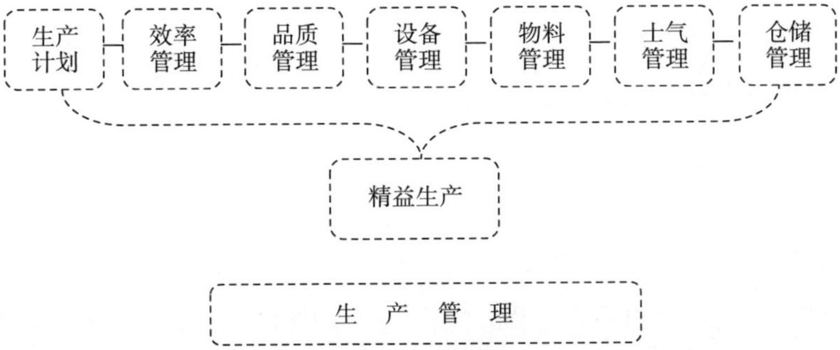

图 2-7 班组长生产管理八大模块

（1）生产计划。

它是对生产班组生产目标的分解，编制成班组作业计划或每日生产计划，是班组长进行生产派工的依据。

（2）效率管理。

生产部门的首要任务就是保证生产工作效率，特别是制造型企业。

（3）品质管理。

产品质量管理是不可妥协的课题，没有品质保证就是对客户不负责，品质管理也是班组长的主要管理职责之一。

（4）设备管理。

生产设备是实施生产计划的必要条件，更是保证生产效率、稳定产品质量和安全生产的重要保障，也属于班组长主要管理职责之一。

（5）物料管理。

物料管理是实施生产计划和达成生产任务指标的基本条件，也是产品质量的保证，同样是班组长主要管理职责之一。

（6）士气管理。

能够完成生产目标和稳定产品质量保证的生产团队，一定是具有凝聚力、士气高昂的团队。

（7）仓储管理。

原料仓储和成品库存管理是完成生产订单、仓储缓冲、均衡生产及编排生产计划的数据参考。

（8）精益生产。

精益生产是指以客户需求拉动生产为目标，以消灭浪费和不断改善为核心，追求优质高效的生产方式。

4. 现场管理的基本标准

一个优质高效的生产现场应符合以下要求，现场管理的基本标准如表 2-2 所示。

表 2-2　现场管理的基本标准

项目	管理标准
现场通道	保持要道（主通道）畅通，无堵塞
机器设备	保持生产设备无油渍、灰尘；保持正常运作或处于良好状态
现场原料	物料区域规划合理：整齐、标识、防护和安全措施
现场环境	作业现场环境整洁，如地面干净、无纸屑等杂物
生产过程	生产均衡，没有堆积或停机待料现象
人员士气	生产现场岗位人员工作井然有序，具有良好的工作士气和工作激情
定员合理	岗位人员科学配置，技能匹配安排合理
品质稳定	产品不良在可控的范围内，没有严重品质不良或异常堆积现象

二、设备与工具管理知识

设备与工具管理以设备、工具为对象，是生产管理要素之一；通过系统性的管理规则、方法与措施等对生产设备工具进行一系列的维修、保养和管理；使生产设备、工具处于良好与稳定的状态，从而保证生产计划的顺利进行和产品质量的稳定。设备与工具管理具体包括使用、维护、保养等工作内容。

生产设备与工具是生产效率、产品质量、安全生产的关键保障。班组长对生产设备与工具规范性的系统管理，对保证生产管理工作的顺利进行有重要的意义。

既然生产设备与工具是班组正常生产运营的重要基础条件，班组长就应掌握对设备与工具的科学管理，并对设备的操作规程、故障检修、故障简易排除等有一定的技术支持和了解。

1. 作为生产班组长应掌握设备的“三好”基本要求

“三好”即管理好、使用好、维修好，如图 2-8 所示。

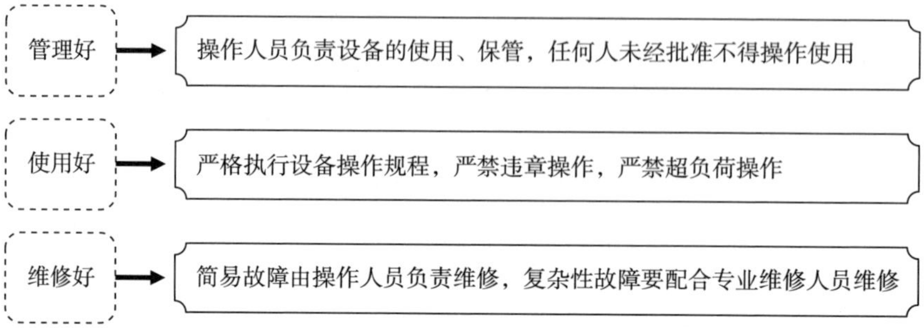

图 2-8　设备管理“三好”

2. 作为生产班组长应掌握设备的“四会”基本要求

“四会”即会使用、会维护、会检查、会排除，如图 2-9 所示。

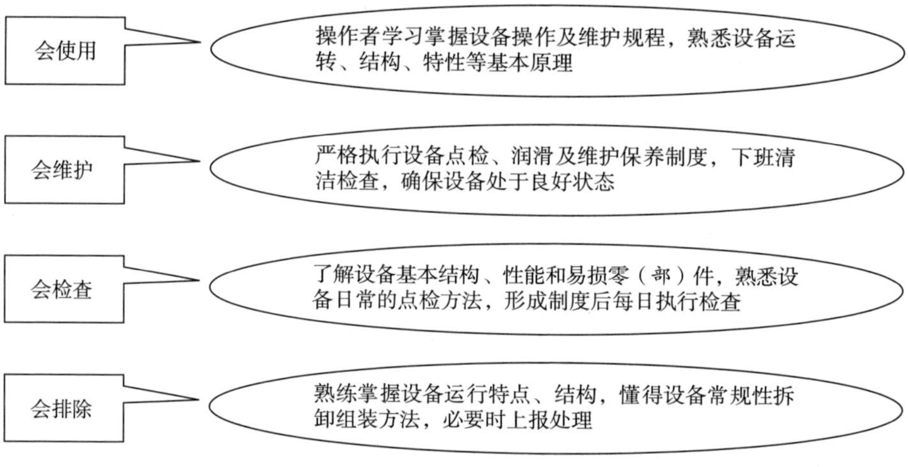

图 2-9　设备管理“四会”

三、品质管理知识

1. 什么是品质管理

品质管理是指通过品质策划、控制、保证和改进等方法实现品质管理目标活动的总称，其中概括了产品质量保证和质量体系管理结合的双重性。

2. 什么是品质

品质是品质管理的基本概念，是指产品本身服务符合社会和客户需求的程度。有些场合会使用“品质”来表达同一含义，但不同的产品或同一项服务的不同方面，品质内涵存在一定的差别，但总的来说，品质内涵包括以下九个方面。

（1）外观美学性。

产品本身的外观。

（2）产品性能。

产品本身服务的主要特性。

（3）特殊性能。

产品本身额外的特性。

（4）一致性。

产品本身或意向服务满足顾客要求的程度。

（5）安全性。

产品本身可能存在的危险、伤害或有害性。

（6）可靠性。

产品本身具备性能的稳定性。

（7）寿命。

产品本身服务正常发挥功能性的持续时间。

（8）行业品质。

顾客对产品品质的间接评价（例如声誉等）。

（9）售后服务。

解决顾客抱怨并核实顾客的满意度。

3. 什么是产品合格率

产品合格率是指批次产品合格数量占批次产品生产总量的比率，公式如下。

$$合格率 = \frac{批次产品合格数量}{批次产品生产总量} \times 100\%$$

产品合格率对生产过程品质状况的统计，但不能说合格率高就是品质得到了有效控制，因为生产过程中产生的不良品经过返修后通过了检验工序就属于合格产品。实际上，产品质量的有效管控是指一次性合格率或产品直通率，即从投产的第一道工序到输出产品，一次性完全符合品质要求的合格产品比率。

四、如何组建高绩效班组团队

1. 为什么要组建高绩效班组团队

生产任务是由多人参与共同完成的组织管理活动，由于生产任务的不断调整，车间班组团队管理也需要持续不断地改善提升。因此，构建高效团队是班组长的主要岗位职责，同时更需要团队成员高效执行、实践改善、工作协同与超越自我，构建一个高绩效的车间班组团队。

2. 什么是高绩效班组团队

高绩效班组一般表现为有共同的远景目标，执行工作指标主动性强，具有系统思考、主动超越、主动学习改善、主动配合等特点的新型班组文化。高绩效班组团队特点如图 2-10 所示。

3. 组建高绩效班组团队的方法

组建高绩效班组团队，关键是要系统性、全员参与，指标量化结合日常实际工作经验及工作改善、改进，将管理理论和工作实践相结合，不断营造创新高绩效氛围的班组团队文化。组建高绩效班组团队的方法如图 2-11 所示。

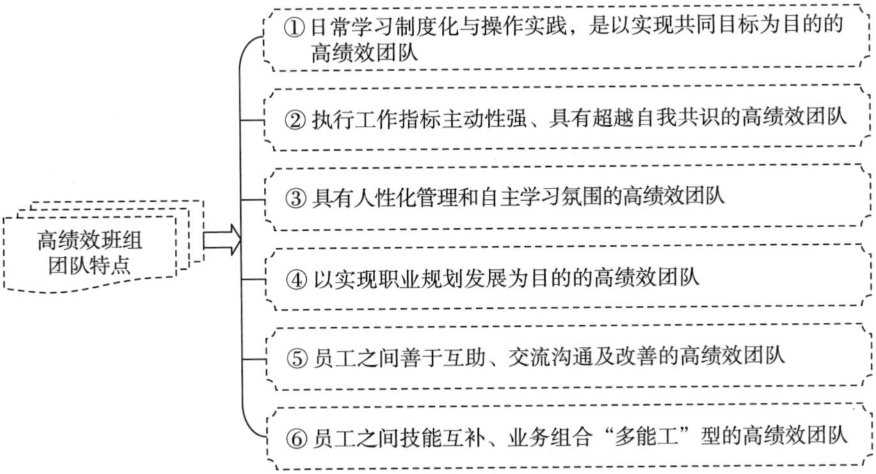

图 2-10　高绩效班组团队特点

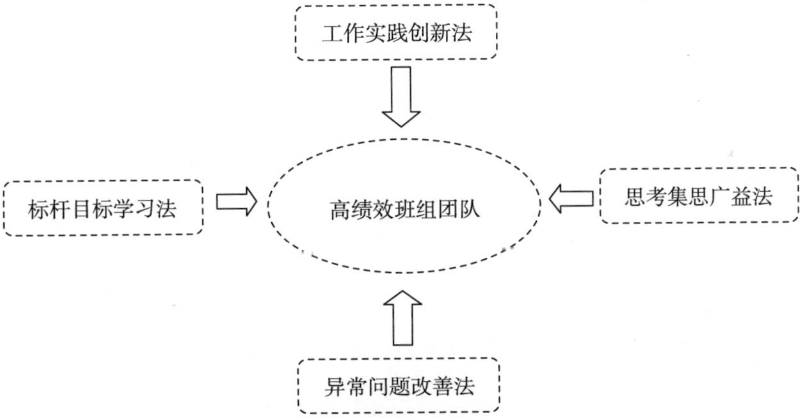

图 2-11　组建高绩效班组团队的方法

4. 组建高绩效班组团队的原则

提升班组核心竞争力的有效方法是组建高绩效的班组团队，并全面提升员工素养、工作技能、合作能力、环境管理、团队士气等要素。在组建高绩效班组团队时，需要掌握以下五大原则，如图 2-12 所示。

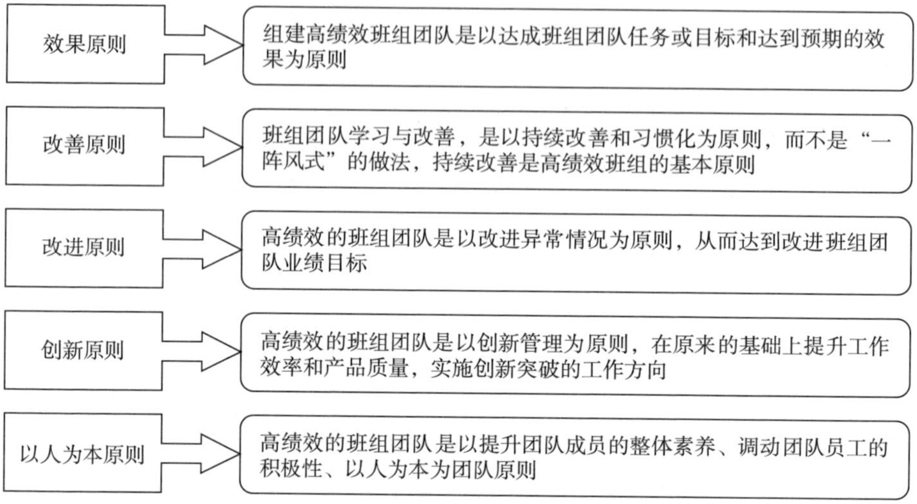

图 2-12 组建高绩效班组团队的五大原则

五、班组长任职要求

1. 班组长心态要求

班组长代表了企业团队的立场，具有一定的影响力。一名合格优秀的班组长必须具备良好的心态，才能很好地处理工作中遇到的各类问题。班组长心态要求如图 2-13 所示。

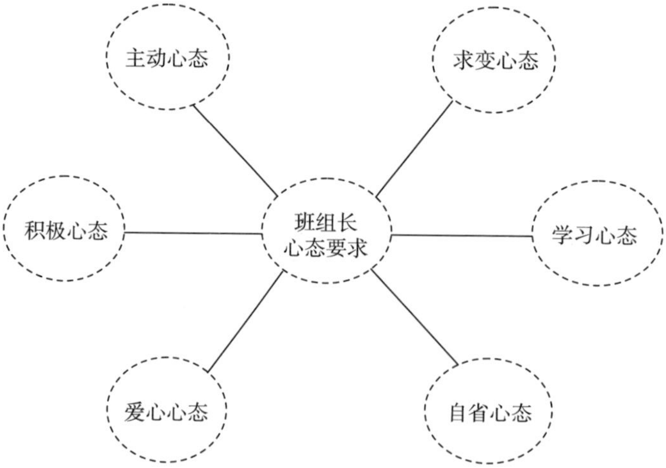

图 2-13 班组长心态要求

（1）积极心态。

面对任何事情总是以积极的心态和角度去思考，去理解他人，个人能力的确存在差异性，但关键是看你怎么去思考，这就取决于班组长心态的积极性。积极的情绪是可以传递的，班组长若全力投入工作，就可以感染并影响团队的每一个成员，通过积极的心态和正能量带动班组团队全力以赴。否则，一个人能力再强，如果消极应对，结果也将大打折扣，甚至出现负面结果。

（2）主动心态。

主动心态是指班组长开展业务工作时从“要我去做”改变为“我要去做”，只要属于自己职责范围内的事情，就要全力以赴做好。主动是为了增加锻炼自己的机会，增加实现自己人生价值的机会，以主动心态完成工作任务，用最好的结果证明自己能够担责，也是一种“责任能力”。

（3）求变心态。

班组长是团队的组织者与管理者，面对不同工作任务目标产生的变化，应懂得变化是永恒的，求生存、谋发展，就是要求变。改变自己才能改变别人，创新变化须积极主动，班组长要不断地适应变化，在变化的环境中不断提升自我管理水平。例如，在班组团队挑选后备人选时，要培训“多能工”和核心骨干员工，达到一人掌握多项操作技术、适应不同需求生产任务的目标。实际上，车间班组团队管理工作时刻都在发生变化，只有主动改变适应新的要求，才能顺应大环境的发展趋势，否则将会被淘汰。

（4）学习心态。

学历等于过去，学习等于未来。班组长要想组建学习型班组团队，要有学习的心态，带着求知的心态去工作，善于用欣赏的眼光看人，相互学习、取长补短、共同成长；要善于和优秀的人一起工作学习；要和团队成员一起学习，适应未来的发展和需求。

（5）自省心态。

没有完美的个人，每个人都有优缺点，处理事务时要善于总结、反省。任何与自己有关的事情出现问题时，先从自身找原因，再不断反省自己的失误和存在的不足。班组长的自我提升与改变，很大程度上是在自我总结和自我反省中持续改进的。

（6）爱心心态。

倡导以人为本的家庭式管理文化，班组长是员工的“家长”，对各员工的心态及其成长要用心关怀、呵护，把家庭式的管理文化传递灌输下去，使各位员工尽快融入公司的文化。

2. 专业知识

一名合格优秀的班组长必须全面了解和掌握本班组相关业务流程、管理技术和专业技能，且有一定的团队建设与团队管理能力。因此，班组长必须能够独立全面开展生产业务活动，保质保量按时完成生产工作任务。班组长需熟悉掌握的业务知识和管理技术如图 2-14 所示。

日常管理	每日工作计划、生产派工、班组会议、效率管理、程序化操作
安全生产	细节管理、操作规范、现场6S、安全培训、夯实安全基础、监督受控
品质控制	产品上线前质量培训、过程控制、严格检验、异常改善、稳定品质
成本控制	节能降耗、人员定编、降低损耗、减少浪费、提高利用率
物料控制	物料计划、过程控制、账卡物一致、产品用料标准化、责任制度
设备工具	设备规划、规范操作、重在保养、严禁违章操作、三级保养、操作培训

图 2-14　班组长需熟悉掌握的业务知识和管理技术

第二节 班组长应掌握的六大职能

班组长是生产一线的“指挥长”，在组织中具有承上启下的沟通和协同管理作用，担负着企业经营战略的执行责任。班组长主要工作职能包括订单交期管理、生产效率管理、产品质量管理、成本控制管理、团队士气管理、安全生产管理六项。班组长的管理工作，都是围绕以下工作任务展开的。

一、订单交期管理

1. 什么是订单交期

订单交期是指生产部门按照客户的要求，在规定的时间内完成客户所需的产品或需求价值，可以体现企业的信誉和管理水平，因此，订单交期管理是班组长主要管理职能之一。订单交期包含设计周期、样板周期、采购周期、生产周期四个关键环节，如图 2-15 所示。

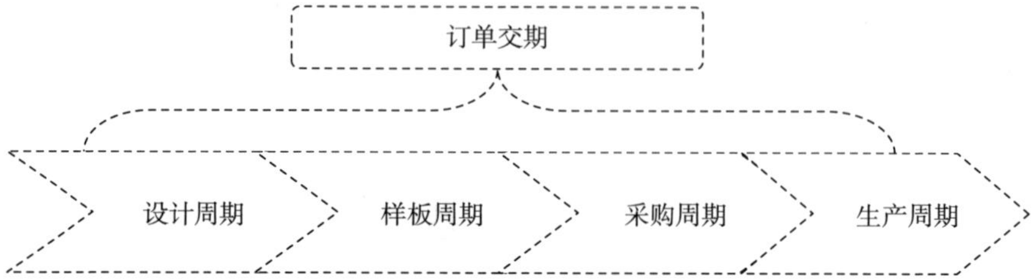

图 2-15 订单交期构成图

2. 订单交期意识

客户在给企业下达采购订单后，即要求企业按时或提前交货，是对企业整个经营系统提出的要求。企业接受客户订单后会有订单交期违约责任的风险存在，如果企业不能按时交货，将要承担由此带来的经济和信用损失。因此企业要将交期责任分解到各个周期环节形成工作目标，即不同程度的管理责任，最后到班组执行层实现输出产品和服务价值，完成客户订单交付。

因此班组长必须重视订单交期管理控制，强化交期责任意识，明确管理责任和工作目标，所有工作要围绕订单交期开展。

3. 什么是生产周期

生产周期是指在制造企业经营管理活动中，从原材料投入生产开始，经历过程加工，最后到产品完成、验收合格入库为止的全部时间。

4. 生产周期过程控制要素

客户订单交期是企业所有部门的共同责任与管理目标，各部门应全面规划目标，分解和细化过程控制的时间管理，在规定的时间内完成本部门的管理责任和任务目标。因此，班组长应明确班组的工作任务、生产计划及生产交期，完成生产周期必须掌握以下五方面管理要素。

① 明确生产工作任务和工作目标。

② 统筹生产物料及设备的保障。

③ 有目的性地控制生产进度。

④ 策划品质计划与异常改善的快速处理机制。

⑤ 主导制订应急预案，一旦发生生产异常情况，立即启动应急预案。

二、生产效率管理

生产效率是指在生产现场固定投入量下，生产过程实际产出与最大产出之间的比率。能够及时完成生产计划是保证生产效率的前提，因此，生产效率管理是班组长主要管理职能之一，生产效率管理具体有以下六个方面，如表 2-3 所示。

表 2-3　生产效率管理

要素准备	生产要素是指人、机、料、法、环、信息六大要素的统筹与准备，是确保生产效率的基本保障
过程控制	是指让生产计划保持在受控状态，发现偏差及时修正、纠偏、改善
激励管理	班组长必须重视员工沟通、工作排名鼓励和绩效警示，数据稽核管理控制与绩效挂钩
异常处理	及时掌握现场信息，发现异常及时分析处理，制订改善计划并实施
现场 6S	保证生产效率的前提是搞好现场 6S 管理工作
目标管理	生产效率是围绕工作目标进行的单位时间内的工作量

生产固定输入包括物料、设备、资金、人力、时间等资源。输出是指生产出合格产品的量、价值或服务。最大产出是指在固定输入得到最佳管理与运作的条件下的合格产品产出或最大效益产出。

三、产品质量管理

生产班组是企业产品的制造部门，而班组长是产品质量的直接管理者。稳定产品质量是生产部门班组长基本管理职能之一。

1. 产品质量管理在企业经营管理过程中的重要性

班组长是产品质量的直接管理者，而产品质量直接影响到客户对企业的信心和企业的信誉。所以，产品质量决定了企业的市场竞争力和经济效益，也决定了企业的生存和发展。

2. 产品质量管理责任

产品质量管理具体包括以下三方面。

（1）品质管理责任培训。

班组长根据企业品质管理方针和目标，要经常对班组员工进行品质知识教育培训，全员参与品质管理活动。

（2）过程质量控制。

班组长应采取品质管理方法和措施，配合品质管理部门、工程部等沟通并参与生产过程的品质管理活动。

（3）品质异常改善。

班组长应对生产过程的品质异常情况进行分析、改善，不断提升班组的品质管理水平。

四、成本控制管理

生产成本是生产活动产生的各种效果成本费用，包括生产过程中的直接材料、辅料、人工工资、管理工资等成本费用。生产成本和各种费用直接影响企业的经营发展，因此如何降低生产成本是生产班组长主要管理职能之一，具体包括以下内容。

（1）生产成本、费用的管理。

要求班组长对生产过程涉及的相关生产物料、辅料、人工、品质费用等成本进行管理控制。

（2）生产成本费用的降低。

要求班组长采取有效管理方法、措施，彻底降低生产过程中的成本费用。

五、团队士气管理

生产班组是需要工作士气和凝聚力的团队，班组长是班组团队的直接管理者，团队士气管理是班组长主要管理职能之一。

1. 什么是团队士气

团队士气是生产管理活动的一个重要指标，是指生产班组员工自发地积极努力工作的愿望强度，以及负责、创新和相互协作的态度。如何带出一个士气旺盛且有凝聚力的生产班组团队是班组长的主要管理职能之一。

2. 团队士气管理方法

团队管理的意义就在于管理者与下属员工一起完成工作指标，共同赢得高绩效结果。团队士气管理方法有以下六方面，如图 2-16 所示。

尊重	尊重所有员工及保持平等的心态，在决策时征求员工的意见，鼓励员工发表建议和意见，协助员工调整工作思路和工作状态，强调参与和承诺，强调意识和责任感
协作	强调管理者和员工之间的绩效合作伙伴关系，管理者应把员工当成工作当中不可缺少的协助伙伴
沟通	沟通是管理要素，也是诸多管理问题的共同症结所在，良好的沟通可以在很大程度上协助处理好人际关系，完成工作任务，达成绩效目标。反之，可能会发生意想不到的问题
认可	在员工完成工作的时候，及时给予表扬；当员工因困难产生困惑的时候，及时协助排解，让员工感受到真诚
授权	管理不是一个人的事情，团队的力量是无穷的，如果班组长只会自己做事，那他只是一个技术员，而当班组长通过授权，让员工自己思考并决定工作思路、方法和步骤的时候，他才是一个合格的班组长。管理者要学会把自己手中的工作通过授权的方式让下属承担起来
分享	管理者要在工作当中不断地和团队成员分享知识、经验、目标，分享一切值得分享的东西

图 2-16 团队士气管理方法

六、安全生产管理

生产班组是企业基本的组织形式，只有在安全生产的前提下，才能实现企业经营管理目标。班组长是生产班组团队第一责任人，同时又是完成生产任务的主要责任人，这就要求班组长在管好生产的同时强化安全生产管理工作，减少安全事故并尽量避免造成人员伤亡、环境污染和财产损失。具体来说，班组长安全生产管理具体包括以下三方面。

（1）班组安全教育培训。

重点是进行新进人员安全教育培训、在岗人员安全操作培训、安全知识培训等（包括危险物品、特种设备的安全教育培训）。

（2）操作安全管理。

重点是对电、高空作业、密封、高温、低温、化学品、特种设备的安全操作监督管理要到位。

（3）安全事故管理。

要规范安全事故的预防、管控、处理、报告工作程序，及时做好事故现场自救工作，以防止进一步扩大。

第三节
班组长的管理能力

班组长的主要工作任务是保质保量按时完成既定的生产任务。对于日常班组管理工作中涉及的人员管理、异常改善、沟通协调等细节，作为班组长需要掌握一定的管理技能，解决日常管理工作的复杂事务，更好地实现班组团队工作目标。

一、团队建设能力

班组团队目标的达成，10% 归功于班组长个人的统筹管理，而 90% 属于具有凝聚力的团队。班组长只有建设好团队，才能实现企业与团队管理目标，具体来说团队建设管理方法有设定团队目标、培训核心成员、激发团队士气三部分，如图 2–17 所示。

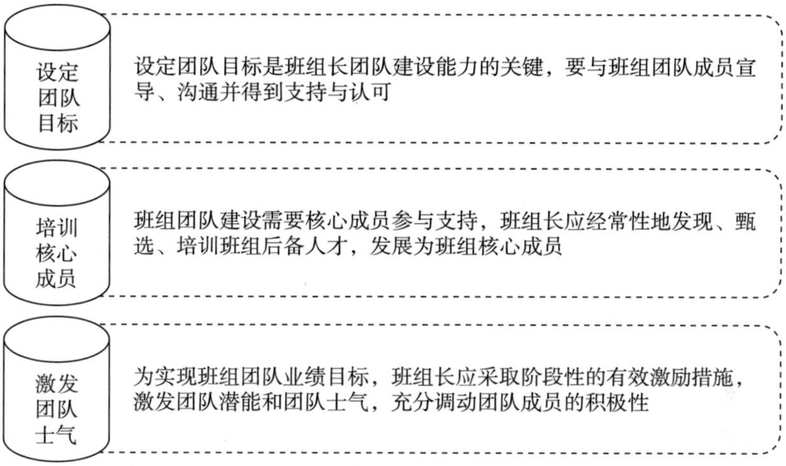

图 2-17　团队建设管理方法

二、沟通能力

沟通是指为了完成设定的目标，把信息、思想和情感在个人或群体间传递并达成共识的过程，通俗地讲就是双方通过直接或间接的语言交流对某一事物达成共识的过程。班组长应经常与班组员工进行沟通，在贯彻企业业务指标和团队目标任务过程中有助于达成共识。

有效沟通能够激发班组员工的积极性，有助于工作目标的达成，还可以提高团队士气与生产力。沟通能力是班组长必须具备的管理技能之一，有效沟通须把握以下八大要点。

1. 明确沟通目标

沟通是一种把团队成员联系在一起的工作方法，前提是设定沟通目标，因为班组团队沟通是有目的的行为，对于团队管理来说，沟通目标具有多层次、多样化的特点，因此具体的、局部的、琐碎的工作应该具有明确的沟通目标。

2. 换位思考

班组长沟通不是局限性的，应体现在日常工作的各种具体问题上，通过站在员工的角度进行思考，更容易找到沟通的融洽点。换位思考有助于达到沟通效果。

3. 关爱员工

沟通的前提是关爱员工，这也能体现出企业的关爱文化。班组长可经常组织开展一些团队活动，深入了解员工的心声和困难，给予员工适当的支持和帮助。

4. 语速及声调的控制

沟通是一门艺术，想要达到沟通目的和效果，就应注意保持恰当的声调及语速，声调要有变化，抑扬顿挫，控制说话速度，目的是让沟通对象听得懂，听得清楚。表达过程中，一定要注意适当的停顿，给员工多留一点思考的时间，切忌滔滔不绝，只顾自己一吐为快。

5 . 简洁明了、突出要点

班组长在与团队成员沟通或布置安排工作任务时，使用语句尽量简洁明了，让班组员工清楚表述的重点是什么，最好能用几句话概括出自己的想法并突出要点，如果讲了半天员工仍一头雾水，则无法达到预期的沟通效果。

6. 倾听和赞许

班组长与团队员工的沟通不仅包括表达，更需要倾听并了解员工的心声。在沟通过程中，班组长既要向员工说明团队目标，同时又要认真听取别人提出的不同意见；倾听时，对于员工提出的好的意见主张要给予赞许。团队成员都希望受到领导的重视，并且都有表达自己意愿的愿望，因此，班组长良好的倾听能力可获得班组成员的支持。

7. 肢体语言

沟通不仅指口头表述，还可以借用肢体语言的配合来达到沟通的目的，比如面部表情、眼神、手势、坐姿等。常规的肢体语言主要有以下三种，具体如图 2-18 所示。

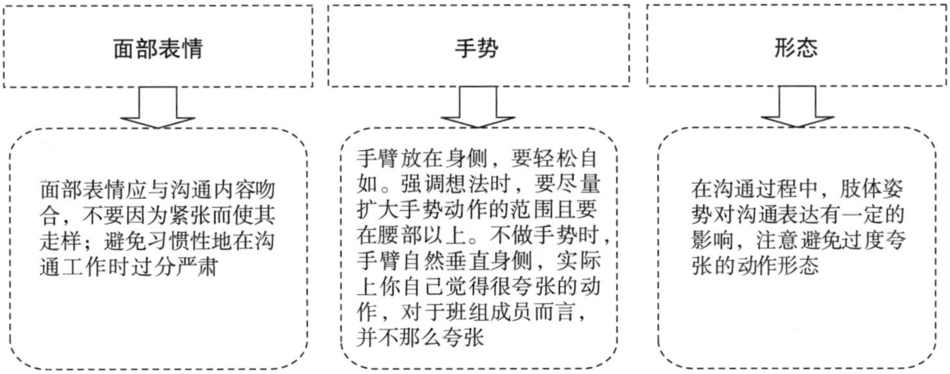

图 2-18 常规的肢体语言

8. 沟通心态

班组长在沟通过程中要善于控制个人情绪，附带情绪的沟通只会激化矛盾，面对团队成员工作不到位之处，应冷静、理智地沟通，积极调整沟通方式，寻求解决方法，避免情绪不佳而责骂团队成员。

三、指导能力

班组长面对的是一个班组团队，不仅要提升自己的业务与管理知识，还要做好班组团队成员的各项业务指导工作，帮助成员提升工作技能。因此，班组长必须掌握生产现场指导的三大要点和七大要求。

1. 现场指导三大要点

班组长在生产管理工作中，首先要明确工作任务，即做什么；然后熟悉掌握彼此信息是否符合要求；最后是协调、沟通、指导员工如何做。如何做好业务指导三大要点是班组长管理工作的核心。班组长现场指导能力三大要点如图 2-19 所示。

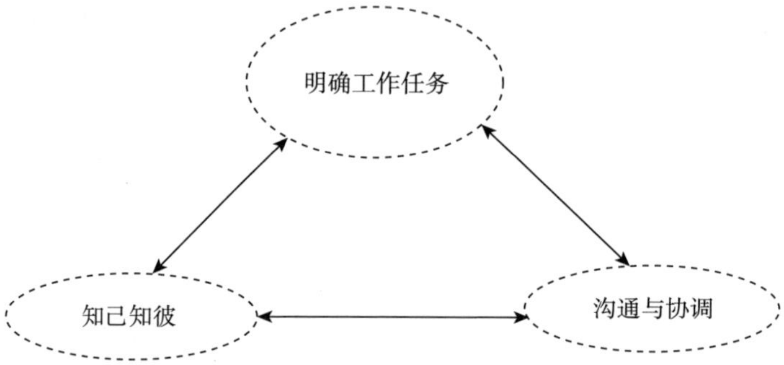

图 2-19 班组长现场指导能力三大要点

2. 现场指导七大要求

班组长现场指导能力七大要求如图 2-20 所示。

图 2-20 班组长现场指导能力七大要求

四、改善能力

班组长要围绕班组管理目标对比现状，查找和发现差距，科学制订改善工作计划，分阶段、分时间、分步骤、分层次切入改善点等内容，并通过班组工作的持续改善和业务改进，全面提升业务管理能力。班组长改善能力具体包括以下几方面。

① 抛弃传统固有观念，树立正确的问题意识，敢于正视异常问题，以问题改善带来改进管理的机会。

② 能用专业思路和眼光、方法深入发现异常问题，从否定的做法开始。

③ 运用管理循环 PDCA 方法（计划、实施、检查、处置）对发现的异常问题进行分析、解决与持续改善。

④ 立即改正错误，从不花钱的项目开始改善。

⑤ 集思广益，全员参与改善。

五、组织能力

班组长应尊重员工，真诚、客观地对待团队员工，重视加强自我管理和部属培养；在实际管理工作中，要不断完善组织规范管理和团队建设，强化班组正能量，组建具有凝聚力、战斗力的团队。具体实施步骤如下。

① 不断强化自我管理和职业素养，提升各项管理工作水平和决策管理能力。

② 加强班组教育训练和各项管理工作，注重班组团队核心骨干人员的培养。

③ 善于经常性地对管理工作进行分析、总结，不断提高改善能力。

④ 注重班组“多能工”岗位人员培养，不同岗位人员可互换调

动，提升班组“战斗”能力。

⑤ 对班组团队成员进行客观、公正的绩效评估，帮助和鼓励员工。

⑥ 不断完善班组人才梯队建设，发现、选拔核心人才。

六、激励能力

班组长应经常对班组团队进行有效激励，尽量减少使用命令的方式进行生产派工或布置工作任务，让所有员工感受到自己在班组团队中的重要性和工作的成就感。优秀班组长不仅要善于激励员工，还要善于自我激励，这是缓解工作压力的重要手段，可将工作压力转换为职业发展的动力，不断增强事业成功的信心。一般团队激励包括如下几方面。

① 班组长以身作则的工作态度和积极的工作热情直接影响着一起工作的员工。

② 树立班组共同目标，让团队的每一位成员都知道该朝哪个方向努力。员工需要了解自己要努力达到的目标是什么。

③ 坚持是实现目标的重要因素，应在不同的阶段不断激励和推动目标达成。

④ 激励需要认可，员工认为得到班组长的认可比任何事都重要，必须明朗、公开和迅速地给予承认与激励。员工能够主动参与班组重要目标的制定，对管理者来说具有良好的激励效果。

七、控制能力

一名优秀班组长应有良好的情绪控制能力。在情绪很糟糕的情况下，任何人都不愿与他人沟通或汇报工作。因此，班组长在感到自我情绪不佳时，应及时自我调整和控制情绪，不把情绪带到工作中。

班组长要想达成团队目标，就不能随心所欲、感情用事，应对自己的言行有所克制，这样才能使自己的缺点得到抑制，不会造成工作上的失误；可以负责地说，情绪控制对于一个管理者的成长进步有着十分重要的意义和作用。企业的每一个管理者都应当树立自我情绪管理的意识，在心中建立紧迫感。这种紧迫感不能是外部强加的，必须是自己切身感受到的。

这种紧迫感来自个人成长和职业发展的强烈渴望。有了自我情绪的控制能力，才能有效地管理自己的思想、语言表达和行动，实现自我管理。

这种紧迫感还来自对工作人际关系复杂性的深刻认识。在团队管理工作中，班组长的决策、沟通与协调能力都会与各部门产生不同认知的思想交流，所遇见的棘手事务必然会考验班组长在情绪方面的控制能力。

3 CHAPTER

第三章

班组长与成本管理

第一节
班组长与成本管理的概念

如何降低生产成本涉及企业生产经营的方方面面，是每一位生产班组长都应该思考的问题。班组长虽然不是企业的高层管理者，但是必须具有一定成本管理理念和意识，在生产管理活动中减少损耗和降低生产成本。

在企业经营过程中，成本管理就是“第一竞争力”。产品质量竞争不过成本，生产效率同样竞争不过成本，殊不知企业为了能够在残酷的市场竞争中得以生存，无时无刻不在想尽一切办法来控制经营成本。班组长在生产现场掌握着大量资源的输入，如果能够合理利用整个生产过程的资源，并彻底降低生产成本及控制损耗，就会为企业在市场竞争中赢得优势，建立核心竞争力。

成本在经济学上是指无可避免的最大代价。也就是说，生产成本因选择而产生，没有选择就没有成本。

生产成本是制造业在输出产品服务过程中投入资源价值的总和，从财务的角度称为生产费用。班组长在生产活动中，为了完成客户需求的产品或服务，会耗费一定的资源，包括人力、物力、材料等，这些投入的资源也就是企业经营的终极目标，即效益与成本。

一、成本、销售与利润的关系

企业要想良性健康地发展，无不是追求两个目标：产品营销和削减成本。决定企业生存和发展的根本因素是利润和成本之间的关系，两者之间的管理成效决定了企业的生产和发展。

企业利润一旦减少，成本就会升高，这是现在制造业所面临的最为严峻的问题，成本失控就会影响企业利润。若能够控制成本，则会促进市场营销获得利润，这就是班组长必须掌握的第一管理要素——成本管理。

（1）产品成本提高必然导致销售利润下滑。

班组长必须把控原材料、生产制程、库存管理等的成本，彻底降低生产成本。

（2）销售与成本一起提升，利润仍然是未知数。

由于成本与销售的关系同样会对企业利润有不可控的影响，因为当市场销售上升，物料很有可能也会涨价，会产生连锁反应。

二、成本控制

成本控制是指班组长在生产活动中，在保障产品质量的情况下实现科学合理的过程管理，以投入最少的资源输出最大的生产成果。

在生产活动中，生产现场投入的各种资源和输出的各种企业产品（包括半成品、加工配件、成品等）原材料、机器设备、工具仪器与辅助材料等发生的各种损耗都称为生产费用。

成本管理控制对企业而言体现的是一种管理水平，对班组长个人来说是一种努力的评价。因此班组长必须清晰地了解生产成本不仅局限于资源耗费活动，同样还关系到产品研发、工艺流程、产品检验标准、设备状态、材料供应、仓库管理与人力分配等各个领域。同时班组长还要明确，成本管理不仅针对专职岗位和管理人员，还包括各部门的相关人员，即全员参与成本管理和控制，只有这样才能最大限度地发掘企业降低成本的潜力。

成本控制是班组长的重要职责之一，它要求班组长在现场管理过程中协调各方资源和优化管理，确保企业核算的成本得到有效控制，改善企业内部管理，提高整体经营管理水平。

三、成本管理的基本原则

班组长是企业输出产品的第一责任人，对成本管理有不可推卸的职责。成本管理的原则是指班组长通过对班组进行科学管理，建立规范的成本控制体系，控制损耗、降低成本，落实成本管理工作。成本管理控制是企业和班组长的重要目标之一。

（1）以企业成本管理目标为核心，为企业提供决策支持。

成本控制是企业经营管理的一项决策，具有长远性、全局性的特点。因此，班组长应推行成本管理控制工作，并结合企业的经营发展战略为导向，努力带领团队打造一个低成本、有差异化的高绩效团队。

（2）建立班组成本控制体系，全面减低损耗、控制成本。

企业生产成本具有一定的复杂性、风险性，班组长要建立一套能够识别、预防和控制成本的管控体系，在生产过程中要做到识别成本、监督过程和执行成本改善管理机制，实现系统创新是成本管理的关键要素。

（3）全员参与成本控制，人人头上有指标。

在生产管理活动中，每个人都会产生成本，应让车间班组员工充分参与到成本管理活动中，明确自己的责任和义务，团结协作，实现共同的成本控制目标。

（4）生产订单闭环管理，持续改进。

从一定意义上来讲，成本管理是一种持续改善的文化，是对企业不同领域和工作岗位上的不断改进和完善，贯穿生产制造的全过程。因此，班组长可采用 PDCA 管理模式，将订单生产过程通过成本管理体系进行程序化控制和有效运行，不断发现并改善成本问题。

四、班组成本管理的任务

成本管理通常以车间或班组为单位，对投入和产出进行成本分析核算、对比分析，找出差异并及时纠偏加以改善，以获得管理成效。

班组成本管理的主要任务是对班组生产全过程成本投入进行预算、控制、核算、分析和考核，用较少的消耗取得较多的经济效益。这既是它的主要任务，又是它的基本管理职能。

（1）班组成本管理的预算职能。

通过成本预算，根据相关部门下达的生产任务，在充分挖掘潜力的基础上制订班组生产计划，并落实到岗位和个人。

（2）班组成本管理的控制职能。

通过成本核算和对班组生产计划的执行，对生产制程进行监督检查，及时发现损耗环节，有效地进行预防和控制，保证均衡地完成既定的生产任务和实现预定的利润目标。

（3）班组成本管理的核算职能。

组织做好各种原始记录和统计工作，核算出班组员工资源消耗的统计数据和劳动成果，以及员工个人的工作绩效。

（4）班组成本管理的分析职能。

对班组生产活动进行全面的成本投入和产出对比分析，总结经验，吸取教训，提出具体的改进措施。

（5）班组成本管理的考核职能。

对班组在生产过程中使用的成本标准和任务定额目标进行检查分析，统计班组及个人的完成情况，并在班组内部进行绩效考评。

第二节 班组成本核算与绩效管理的基础工作

班组长通过对生产过程进行成本核算，能够切实找到生产绩效改善点，从而制定更科学的班组管理目标，以有限的资源实现效益最大化。

班组的成本管理与核算不仅涉及生产成本，还涉及生产绩效各项管理工作。班组成本核算的基础工作包含原始记录、定额标准管理、内部结算、成本计算、节约额核算等方面。

一、成本与原始记录

原始记录反映了班组生产活动的第一手资料，是编制生产计划的重要依据。原始记录大多来自班组一线的生产活动。

1. 原始记录的内容

① 班组生产使用的原材料、辅料、消耗品等的消耗记录。

② 班组生产过程记录（包括产品型号、生产成本记录和产出记录及技术、质量记录）。

③ 班组生产效益过程记录（包括产量指标、质量指标、成本指标、绩效标准等记录）。

④ 班组生产设备运转成本折旧记录（包括设备的使用、维修等记录）。

2. 原始记录的要求

① 真实有效。所有的原始记录必须是班组生产过程的实际情况。

② 过程规范。原始记录的填写要符合企业的统一要求，不能弄虚作假。

③ 原始记录要有及时性，对于生产过程中产生的数据信息要及时记录，避免遗漏。

3. 原始记录的统计分析

① 班组原始记录可应用统计原理和方法进行统计分析，发现问题、找出原因、研究对策。

② 原始记录一般可分为综合分析和专项分析两种形式。前者是对班组生产相关指标进行全面的综合性分析。后者是对班组生产过程中诸如质量、成本、超标问题的某一方面进行专门分析。

③ 统计分析方法有对比法、因素分析法等，一般采用对比法，直观、简便、有效。

二、成本与定额标准管理

生产定额标准管理是指在一定的生产条件下，所规定的人力、物力、财力的消耗，在占用和利用方面应遵守的定量标准。定额标准一般分为人均产能定额、使用定额、费用定额、设备利用定额、费用支出总定额等，具有标准化、激励性、差异性等特点。不管企业实行订单计划管理还是库存生产模式，都必须纳入成本核算的预算管理。这是衡量班组生产投入和产出的控制手段。定额标准的制定方法一般有以下几种。

（1）工艺分析法。

根据产品工艺要求和工艺文件，参照以往的经验来制定定额标准的方法。

（2）统计分析法。

查询以往生产过程中的统计报表、记录资料等，并结合当前生产环节的变化来制定定额标准的方法。

（3）经验估算法。

根据以往的生产实际经验，参照产品技术文件和产品样板，以及结合当前生产环节的变化因素制定定额标准的方法。

（4）产线测定法。

PIE 工程师在生产现场测算实际人均产能、产值，来制定定额标准的方法。

（5）类推比较法。

根据以往或正在生产的同类产品型号，结合生产作业工序的标准数值，通过比较分析确定增减差异化来制定生产（零部件）加工的定额标准的方法。

三、成本与内部结算

近年来，许多大型制造业企业把市场机制引入内部的经营管理当中，采用模拟市场价值结算机制。原来企业内部成本价值采用的计划采购方式，转换为相应的市场价值独立核算机制。企业可根据当时市场上产品销售和采购的价格来计划经营与产能目标，以便让车间班组更清楚地了解自己的产品输出在市场上所处的价值和态势。

生产车间和班组在应用市场价格的内部结算时，应把自身视为市场的一个独立经济主体单位，来和其他合作单位进行交易。

例如：深圳某电子科技有限公司为了实现股权激励机制、增加公司利润指标，决定将SMT生产工厂全权委托给部门某经理，转变为内部市场化或外部生产加工独立经营的一种生产经营模式，对内实现成本价值供应机制，对外生产加工增加利润收入，要求该工厂在每月必须完成自身的生产任务并上缴给公司指标利润，之外所产生的利润由该工厂团队自由分配，其特点是对内生产需求市场化，实现自主经营、自负盈亏的激励经营方式。

四、产品与成本计算

产品成本是指为了生产某种产品所支出的费用总和。班组产品成本不可能计算产品的全部成本，只能计算车间和班组范围内生产某种产品而花费的费用。

1. 班组成本计算须具备的条件

生产班组开展产品成本计算，须具备一定的条件，例如一些生产比较稳定、品种比较单一、核算基础完备、能出成品（或零部件）的车间班组。

2. 班组成本计算应注意的事项

① 生产两个品种以上产品的班组，要按照产品的不同名称和规格分别计算成本。

② 正确划分各种产品和各个月份的费用界限，划分完工产品和在制品的界限。

③ 要建立健全消耗定额，搞好计量和原始记录，确保数据真实、准确。

④ 注意计算产品不良率和有关损耗。

⑤ 要准确计算产品的实际产量与标准产量。

3. 班组成本计算步骤

班组长要将生产过程中发生的所有生产费用分类、区分并按用途进行归集，计入当月产品成本。一般来说，凡是可以直接记录产品成本费用的，应直接计入产品成本；不能直接计入的，则按照适当的分配方法分别计入产品成本。例如，不同车间的管理费用、场地租金等的分摊计算。

① 在生产过程中一次性被消耗掉的原材料、辅料属于直接费用，可计入产品成本，计算公式如下。

原材料、辅料消耗定额 =（原材料 + 辅料 × 市场价格）

② 生产过程中产生的工时消耗也属于直接费用，应事先确定计划单位工时价格和计划消耗工时，以计算公费成本，计算公式如下。

工时消耗成本额 = 实际消耗工时总数 × 计划单位工时费用

③ 其他费用可先汇集起来，于月终时按照产品数量和工时数量分摊到产品成本中去，计算公式如下。

费用分配率 = 费用总额 / 产品使用工时之和 ×100%

相关产品应负担费用 = 该产品实际使用工时 × 费用分配率

五、成本节约额核算

车间和班组节约额核算是指对车间和班组各种费用的降低额进行的核算，主要内容有产品产能增减、产品质量变化、材料损耗差异、工时利用指标变化引起的节约和浪费额的核算。

（1）产品产能增减。

产品产能增减引起的节约和浪费金额计算公式如下。

节约或浪费额 =（实际产能 − 计划产能）× 单位产品应负担的固定费用

（2）产品质量变化。

产品质量优劣会影响企业的生产成本，计算班组产品质量变化所引起的节约和浪费可以反映出班组的生产成本和生产绩效。

产品质量变化引起的生产成本的增减率 =（产品实际合格率 − 产品计划合格率）× 本期总产值 × 产品市场价格

（3）材料损耗差异。

班组在生产过程中，使用的物料损耗在符合标准的范围内，则能够保持利润；相反，如损耗超出标准，会造成生产成本增加。

材料损耗差异额 =（本期总产量 × 定额消耗 − 实际耗用量）× 材料采购单价

（4）工时利用指标变化。

工时利用指标差额适用于计时生产班组，公式如下。

工时利用指标差额 =（实际使用工时 − 定额标准工时）× 每工时平均产量 × 单位产品应负担的定额费用

第三节
班组成本管理的构成、方法与步骤

班组长不仅要做好属于自己的生产管理本职工作，还需要了解生产成本的构成和熟练掌握成本控制的方法，对班组生产成本进行有效的控制，以使车间班组各个作业环节的实际成本在可控的范围内。

班组长在进行班组成本管理过程中，要了解班组成本和费用的构成。

成本控制是企业管理战略中非常重要的部分，企业要想在市场中立于不败之地，就必须让班组员工意识到生产过程中降低损耗和控制成本的重要性，而成本管理要求班组长能够区分班组成本构成和费用。

一、班组成本构成

1. 班组成本费用

班组成本一般是指在生产活动中所需的产品生产资源（材料、工资）与其他费用的支出，这些都属于车间班组成本构成。因此为了实现班组生产指标和达成成本控制目标，必须强化班组团队的成本意识与成本控制责任机制。

车间班组成本关系到企业生产的方方面面，包括物料采购、生产制造、员工工资、保养维修等。班组长要想进行生产成本的管理，前提是明确生产成本的构成，了解成本的现状。

2. 车间班组成本分析

班组长对生产成本构成有了充分的理解之后，还需要对生产成本进行深入了解。

（1）直接材料成本。

主要用于产品生产并构成产品的实体材料、外购半成品及有助于产品形成的各种辅助材料的费用。

（2）直接人工成本。

是指产品生产人员的工资、奖金、津贴和补助等，以及间接从事生产人员的能力、劳力成本等。

（3）制造费用成本。

是指包括生产过程中使用的厂房、设备、车辆等设施及物料折旧和维修定额费用计入成本。

生产成本的构成相对复杂，尤其是制造费用的计算难度较高。

3. 参与成本预算，了解成本控制点

车间班组成本预算是指企业按照预算期的生产和经营情况编制的预定成本。生产成本预算是一种管理工具，通过合理分配人、财、物等企业资源，协助实现企业经营目标，监督并控制生产成本的支出，预测资金需求和期末财务状况。

（1）规范制定成本预算数据的依据。

车间班组制定成本预算之前应收集成本预算的数据，以打好基础，具体包括以下几方面。

① 直接材料预算。预计综合生产量、订单产品的材料需求量，预计期末存货、期初存货、单价等数据。

② 直接人工预算。预计综合生产量、单位产品、生产所需的人工工时、小时工资率等数据。

③ 制造费用。变动制造费用、固定制造费用等数据。

④ 公共分摊费用。包括历年办公费用、各项办公费用等数据。

（2）参与成本预算。

现在有不少班组长会参与生产成本预算，即使不参与，也要了解本部门的预算情况，便于做好成本控制。生产成本预算的计算公式如下。

① 直接材料预算 =（预计生产总量 × 单位产品的材料需求量 + 预计期末存货 − 预计期初存货）× 单价

② 直接人工成本预算 = 预计生产计划量 × 单位产品直接人工工时 × 小时工资率

③ 制造费用预算 = 变动制造费用 + 固定制造费用

固定制造费用在上年的基础上，根据预期变动加以适当的修正得出。

变动制造费用 = 预计生产需求量 × 单位产品预定的分配率

生产班组长在进行成本预算时要力求精确，这样可以明确成本的使用点和控制点，使企业可以更好地进行成本控制。

（3）成本预算所使用的数据。

① 材料方面，包括实际生产量、单位产品的材料需求量、实际期末存货数据、期初存货数据、单价。

② 直接人工，包括实际生产数量、单位产品直接人工工时、小时工资率。

③ 制造费用，包括变动制造费用、固定制造费用。

④ 办公费用，包括实际各项办公费用等。

一般来说，班组长在收集数据时应将相关的数据规范化，确保成本预算处于受控状态。

4. 成本控制要点

班组长为了能够有效地对生产活动进行成本控制，要抓住重点，降低损耗，从而达到既定的成本控制目标。成本控制有以下五个要点。

（1）从管理创新方面控制成本。

当生产成本降到一定程度后，很难有大幅度降低的空间。因此班组长只有从管理创新方面着手，才有可能找到控制成本的方法。通常班组长在生产过程中会采用制定损耗标准定额、限额标准领料、目标分解等方法，但这些方法并未对成本降低起到显著的作用。因此班组长应组织相关的核心骨干人员进行分析，从源头上通过创新工艺、方法改进等降低成本；通过节省原材料、材料代替来提高材料的利用率，降低损耗量；通过改善工作流程和管理创新的方式来提高生产效率、设备利用率，达到提升效率和降低成本的改善效果。

（2）从生产关键点方面控制成本。

生产关键点是指生产过程中具有关键性作用的生产环节，只有抓住这些生产关键点才能够达到事半功倍的效果。例如在生产加工环节，通过改进生产工艺减少材料的浪费，通过人机结合工序改善提高产能，降低人工成本。

（3）从成本结构占比高的方面控制成本。

班组长应该从成本结构中占比较高的方面着手，以最少的投入达到最好的效果，这样能使班组成本得到大幅度的降低和控制。

根据我多年的生产管理经验验证，在制造工厂，车间班组生产原材料成本比例为 50% ~ 70%，人工成本为 15% ~ 20%，剩余为其他成本。因此班组长可以从占比较高的原材料、人工等方面着手，通过有效措施达到控制成本的预期目标。比如注塑车间可以改善设备的精密度、升级注塑工艺和提高塑胶原材料的稳定性，从而达到降低物料损耗和提高原料的利用率，实现成本控制。

（4）从成本控制机制与激励方面控制成本。

车间班组成本控制不是靠一两个人就能实现的事情，是需要团队参与才能实现的目标。因此班组长需要制定成本管理激励机制，通过设置目标成本、过程监控、约束与激励的方式来调动班组所有人员参与成本控制，将节约成本与班组成员的切身利益联系起来。

例如：某电池制造企业，班组长给车间各小组制定了一个成本控制目标，凡是通过小组改善达成该目标的小组，给予团建费用1000元的奖励；对于成本控制损耗较大的小组，根据成本管理机制做出处置。通过建立与实施成本控制机制，该企业充分调动了各小组参与成本控制的积极性，每月节约成本一万多元。

（5）树立成本节约的意识。

班组长在推动成本控制时应该从员工的思想意识开始培养，要对新员工进行成本节约意识的系统培训，让员工在上岗前就要了解并培养成本节约意识，才会厉行节约、减少浪费、发扬自主管理精神，更好地配合班组长推动成本管理工作。

二、成本控制的方法

企业一般根据自身的成本管理总体目标，结合车间班组成本控制的现状，自主选择成本控制的方法，如表3-1所示。

表3-1 车间班组成本控制方法

序号	控制方法	内容描述
1	作业成本控制法	以班组生产作业为基础，对各种间接费用进行比例分配，是一种生产作业成本分配的成本计算方法
2	成本目标控制法	根据既定的成本目标，对生产过程进行成本控制的方法

续表

序号	控制方法	内容描述
3	成本预算控制法	以生产过程的成本预算来控制产品成本的基本方法
4	成本定额控制法	以生产过程产生的费用和成本脱离定额的差异性监督，加强定额管理和成本控制的成本计算方法
5	标准定额控制法	制定出成本定额标准，及时明确责任成本控制与实际成本差异，并组织进行分析、改善的成本核算方法

三、成本控制的步骤

班组长需要用相应的方法来进行成本控制，具体分为以下四步。

第一步：设定班组成本控制目标。只有确定成本控制目标，才能对各个环节予以过程控制。

第二步：对班组进行成本核算。班组长在实施成本控制时，班组长要了解生产过程中相关产品的单位成本并进行核算，然后才能进行成本分析和成本数据收集。

第三步：对班组成本差异化进行详细分析。班组长通过对成本数据的收集，以及对成本目标和实际成本进行对比分析，会发现班组长成本的差异化，要从中找出控制和降低成本的有效措施。

第四步：制定班组成本控制措施并实施。班组长在找出差异化以后，应根据成本差异的具体原因，采取针对性的有效方法来达到成本控制的目的。

班组成本控制工作贯穿企业的生产过程，并且与每一名班组员工的生产工作都有直接和间接的关系，因此班组长应结合企业实际情况，采取切实有效的成本控制方法，带领下属实现成本控制目标。

第四节
班组长如何开展成本管理工作

班组长要想推动成本管理，需要充分调动车间班组员工积极地参与成本控制活动，在保证产品质量的前提下，科学合理地管理车间班组生产活动中的各个环节，争取最大限度地实现车间班组既定的成本管理目标。

成本管理是车间班组长的主要岗位职能，班组长应通过有效的方法措施做好班组的成本管理工作。

一、制订成本控制工作计划

成本管理是一个系统性的管理工作，涉及车间班组的方方面面，因此班组长必须制订一个科学合理的成本控制管理工作计划，从而有计划性地组织调动员工参与成本控制活动。

① 要制定各车间班组对成本管控的具体措施。要求各小组结合物资损耗的重点，制定出可行的消耗控制举措。

② 明确各小组对成本控制的目标与考核要求。要求各小组明确考核的项目和应该关注的重点。

③ 成本管理责任人人有指标。班组成员都要明确个人对成本控制的具体要求和责任。

④ 成本考核指标量化。不管是车间各小组还是员工个体，都应该知道成本考核的具体数据指标，而并非笼统而无法执行的指标。

⑤ 制订班组的成本控制工作计划。要求班组长必须制定一个科学、合理的成本控制管理工作计划。

二、提升班组员工的成本意识

通过培训提升班组员工的成本意识，使他们在工作中更加注意自己的行为，有意识地减少浪费。通过培训提升员工成本意识是成本控制的主要方法之一。

1. 加强培训宣传

班组长有必要让班组成员清晰地了解成本对于班组生产目标和企业的意义。

因此在新进员工刚分配到本班组团队时，班组长就要进行成本意识培训，提高新员工的成本意识。一般来说，班组长可以通过设立成本看板，宣传成本管理制度、成本节约激励管理制度，召开车间班组大会、班组早会等形式来提升班组员工的成本意识。

同时班组长也可以展示班组节约成本的案例，让员工自主了解、加深认知，甚至可以发动车间班组员工参与成本建议提案，让成本管理工作得到全员的理解和支持。

2. 表彰与奖励

在班组活动中，凡是能够向管理者提供成本节约建议的员工，应给予关注和表扬，甚至可以向公司申报表彰。在生产过程中，如有员工可以提供自主改善、减少浪费、降低成本的生产操作建议，根据节约成本的多少可依据成本节约激励管理机制给予 50 元 ~ 100 元的奖励，对贡献巨大的成本节约建议可以向公司申请奖励款项，调动员工主动参与节约成本的积极性。

倘若减少浪费、降低成本与员工的薪酬无关的话，员工就没有参与成本改善的动力。因此管理者在推动班组成本控制活动时，通过表彰或奖励，往往能够极大地提升员工的成本意识。

温馨提示：凡是超出企业规定的成本节约奖励金额的，必须按照相关流程向上级领导和公司方面逐级审批，切勿盲目空口承诺奖励数额，避免出现未获批准的现象。

三、制定班组成本控制工作流程

成本管理不仅需要培训和管控，更需要实施过程遵照有效实施和奖励、考核的流程细则，否则只是一句形式化的成本管理口号而已，根本无法得到有效实施。班组成本控制工作流程包括以下几方面。

① 成本合理化建议。

② 成本改善管理制度。

③ 成本改善运作流程。

④ 成本改善表彰或奖励工作流程。

⑤ 成本控制考核管理流程。

总之，成本管理绝不是开个会、走个形式就实现的成本改善目标，而是需要规范运作流程来确保成本管理工作计划得以顺利进行。

四、实施成本控制计划与监督

车间班组在推进成本管理过程中，应及时与参与成本控制的人员进行沟通，发现异常并给予指导意见，必要时组织车间班组团队全面辅导，确保成本控制计划得以有效实施。如生产线不平衡导致的等待浪费，操作不规范导致的生产物料损耗，这些现象会增加人工成本、降低工作效率，需要加以改善才能消除。

某塑胶玩具企业在生产一批出口玩具产品时，注塑车间的工作人员发现注塑机产出的塑胶件有披锋和水口现象，但是为了省事，员工人为造成装配车间组装工序出现质量问题，必须通过增加人手处理披锋才能正常生产。装配车间管理者在得知因上道工序导致本车间成本增加的信息后，立即与注塑车间沟通，将有质量问题的配件退回原车间更换合格的塑胶件，并未增加人手。这位车间班组长及时对生产过程中发生的质量异常问题做了处理，避免了增加成本。

五、组织班组成本会议

为了控制生产成本，班组长需要组织员工召开成本管控工作会议，动员大家集思广益，收集控制成本的建议，并商讨方法予以实施。

1. 组织会议

车间班组长应按照以下程序组织成本管控工作会议。

① 会议发言。对车间班组阶段性成本控制成果情况进行总结发言，目的是让参会人员了解成本管理的具体情况。

② 确定参会人员。根据实际情况，明确参加会议的相关人员。

③ 会议时间、地点。即明确会议时间、召开地点。

④ 议题讨论。鼓励参会人员积极发言，建言献策。

⑤ 会议纪要。记录会议有关成本管控的重要信息。

⑥ 会议准备。会议流程与发言安排。

⑦ 会议纪律。明确参会时必须遵守的会议纪律与要求。

2. 会议流程

会议流程包括主持人发言、成本控制讨论、会议纪律维持等环节，具体如表 3–2 所示。

表 3-2 会议流程

会议内容	具体说明
主持人发言	确定会议主持人和开场白
发言讨论	即参会人员的发言顺序安排
成本控制讨论	及时回应相关建设性意见提供者
	对于一时无法做出解释或无结果的话题，暂时搁置
会议纪律维持	明确会议纪律和违反会议纪律的责任
突发情况处置	如参会人员发生口角、人员擅闯会议室等应急处理
改善方案的确认	经过参会人员分析，确定若干相关改善方案
分工及授权	会议形成决议后，主持人或决策者在会上对相关负责人进行任务分工、职责授权
确定改善效果	在会议结束前，明确执行会议的决议、责任、时间、结果等要求，做出回应
确定会议责任监督	会议结束后，由相关改善监督人员对过程或结果进行监督

4 CHAPTER

第四章

班组长与目标管理

第一节
什么是团队目标管理

> 作为班组长的第一要务就是设定班组团队目标，它是班组团队共同努力的方向，因此班组长应该考虑如何对该目标进行有效管理，保证生产任务的顺利完成。

团队目标管理是一种以目标为导向的基础管理方法，通过沟通共同设置并量化工作指标，使班组团队围绕目标进行生产，以消除影响目标实现的障碍，通过导向实现目标具体量化与评价，从而有效激励班组团队。

一、如何设定团队目标

团队目标是班组全体员工共同努力的工作方向。目标管理兼顾团队目标和个人工作目标，但需要量化管理控制，制定详细的个人量化指标有利于激励班组团队按照共同的目标努力，有利于班组长调动团队成员工作的积极性，更有利于班组长对团队的管理控制。

1. 设定团队目标的原则

设定团队目标应秉承量化、可实现、时间可控的原则，应考虑以下五方面。

① 设定团队目标必须明确和衡量标准、控制措施、资源配置、完成时间等，例如班组员工应做哪些事情、利用哪些资源、采取什么措施、如何完成等。

② 目标的设定必须形成统一、清晰、标准化、具体量化的指标，例如班组成员每时、每天或每周要完成的工作量等。

③ 设定团队目标要“人人头上有指标”，班组全体成员要遵循参与制定目标的原则，避免出现个别成员目标无法实现的情况。

④ 设定目标的可行性，如在原有目标基础上适当调整后，经过班组成员共同努力是可以实现的目标，避免盲目设定目标造成无法实现。

⑤ 依据车间班组总体生产目标，明确和设定不同时间阶段须完成的目标，在规定时间内随时进行监督和控制，一旦出现偏差便于针对异常情况进行纠偏和调整。

2. 设定团队目标的过程

班组长在设定目标时，经结合班组实际情况和总体任务目标进行综合分析，并和班组成员一起讨论出若干目标方案，以制定可行的班组目标。班组长在设定团队目标时应参照以下步骤。

（1）总体目标分析。

班组长应明确了解生产车间总体规划，并通过分析了解车间的规划方向、总体产能指标、产品质量指标、安全指标等是否存在差异性，以及预防措施是什么，这些都是在设定目标前应重点考虑的。

（2）班组生产现状分析。

班组长应认真分析班组生产人员配置、生产设备、物料周转和总体实际产能负荷，并进行全面评估。

（3）全员参与分析。

班组长应组织班组成员讨论并分析，向班组成员说明车间的整体规划和发展方向，让员工参与讨论并设定目标。

（4）制订目标方案。

班组长应组织班组成员讨论和制订若干不同意见的目标草案，再进行评估讨论。

（5）确定团队目标。

在班组成员参与目标讨论后，最终由班组长确定最佳目标方案，并说明采取该方案的理由和达成目标的相关方法和措施。

（6）目标过程监督。

在达成团队目标过程中，班组长应进行过程追踪，随时监督检查，发现与目标有较大偏差时及时纠偏改善，确保班组达成既定的任务目标。

3. 设定团队目标的六大要素

班组长在设定团队目标时，应全面了解车间总体规划目标和分析班组实际产能负荷。设定团队目标的六大要素如表 4-1 所示。

表 4-1 设定团队目标的六大要素

目标管理结构	设定目标要素	实施步骤
企业经营理念	团队共同努力的方向是什么	① 挖掘组织使命 ② 明确工作方针
团队阶段目标	如何设定班组团队在不同阶段的短期、中期、长期目标及措施	③ 确定短、中、长期整体目标 ④ 项目确定
达成目标标准	设定团队目标后，班组成员应实现何种程度的阶段性目标	⑤ 共同设定部门目标 ⑥ 全员参与设定个人目标
实现目标方法	采取何种方法或措施实现团队目标	⑦ 商讨执行方案
控制进度方法	在达成团队目标过程中，出现偏差时如何协调控制和有效执行	⑧ 执行与控制
团队目标评估	在达成团队目标后，班组长如何客观评价团队及个人业绩指标	⑨ 目标绩效评估

二、如何分解团队目标

班组长在设定班组团队目标后，应结合实际情况进行目标分解，具体到班组每一个成员或每一个岗位，即从车间总目标分解到班组目标和个人目标，做到“人人头上有指标”，并确定目标执行量化的标准。

1. 分解班组岗位目标的基本要求

分解班组岗位目标基本要求概括如下。

① 团队目标分解应结合原则进行，依据车间总体目标逐级分解为班组目标，再分解为成员个人目标。总之，所有班组成员的个人目标综合体现为班组团队目标。

② 在实施团队目标分解的同时，应注意分解目标所配置的资源和限制因素，如人员结构、物料周转、工艺技术支持、部门协助条件等。

③ 在各岗位人员工作安排和完成时间上要做好平衡、协调，保持同步进行，不应影响班组总体目标的达成。

④ 在达成分解后的目标时，应确定具体的目标值或数据量化，以及完成时间要求等。

2. 确定团队成员的任务指标

班组长应依据分解的班组团队目标设计员工个人工作指标。该指标一般保持在 1 ～ 3 项为佳，班组成员的任务指标一般包括产品类型指标、产品质量指标、效率量化指标、团队产值指标、安全管理指标等，如表 4-2 所示。

表 4-2 班组成员任务指标

分解指标	具体说明
产品类型指标	是指在计划期内需要完成生产的产品的名称和种类，是班组团队按照客户需求进行的业务服务
产品质量指标	是指在计划期内提高产品质量以达到既定的指标，是班组团队满足客户的基本要求
效率量化指标	是指在计划期内完成生产数量的量化指标，是衡量班组团队产能负荷的基础
团队产值指标	是指在计划期内完成一定（金额）产值的指标，是团队的基本任务目标
安全管理指标	是指在计划期内保证安全生产、控制安全事故的指标，是团队管理的工作重点

3. 分解团队目标的方式

班组长实施目标分解的方法有工作指令法和工作协商法两种，班组长应根据班组实际目标情况和班组成员个人特长选择不同的分解方法。

（1）工作指令法。

班组长在进行目标分解时，按照岗位需求、结合成员特点进行安排，以工作指示的方式进行生产安排，属于常规性的分解方法。

（2）工作协商法。

班组长在进行目标分解时与班组成员进行协商讨论，在取得一致意见后实施目标分解，在针对复杂的生产任务目标时需要团队讨论，有利于推动工作。

第二节
如何实现团队目标

> 实现班组团队生产目标和安排员工个体工作任务是班组长的基本岗位职责。因此，班组长必须采取有效管理方法实现团队目标，这体现了班组长的核心价值。

一、如何编制班组作业计划

班组作业计划一般是指班组的任务目标分解后，在生产计划期内班组应完成生产工作总量的过程。班组作业计划细化分解到班组每日工作安排、班次工作安排或时产工作指标并安排实施。

1. 编制作业计划的基本原则

明确班组作业计划的基本要求是指导作业计划编制科学化、合理化，结合实际情况，确保与生产计划指令相符。编制作业计划基本原则如表 4-3 所示。

表 4-3 编制作业计划基本原则

原则	具体说明
以总体计划设定目标	①班组作业计划必须在总体计划目标下进行，必须从全局的立场出发 ②总体计划与班组作业相互兼顾
指标合理化与资源配置	①依据班组生产负荷，合理制定通过努力可以达成的计划指标和企业资源的使用 ②班组作业计划与资源配置要协调、平衡，保证计划的顺利进行
目标计划与应急预案	①编制作业计划的同时应考虑到生产要素（人、机、料、法、环、资）的不确定性对作业计划产生的影响，提前制定应急方案与控制措施 ②考虑到生产计划变更异常或外协方面可能会产生的影响
全员参与与人人指标	①班组成员全员参与制定工作指标，使每一个班组成员了解部门目标和个人的工作指标 ②班组作业计划保障“人人头上有指标”，全员共同制订、执行作业计划
结果导向	①保持班组作业计划的严肃性（除特殊情况外），一律严格执行，不得随意变更 ②班组成员最终以实现个人指标和班组团队目标为导向的管理机制

2. 提前准备编制计划的工程资料

班组长在编制作业计划前，应提前准备相关工程资料进行综合分析、评估，并作为编制作业计划的相关依据，具体有以下六个方面。

① 相关部门下发到班组的周生产计划等资料。

② 与其他横向部门、外协加工或上游车间明确生产计划的数据要求。

③ 生产要素（人、机、料、法、环、资）等资料的统筹。

④ 班组生产负荷或产能相关数据分析。

⑤ 客户提供的产品相关资料。

⑥ 其他需要使用的相关资料。

3. 实施编制作业计划表的方法

编制班组作业计划有多种方法，因企业生产模式或生产工艺的不同，方法也存在区别，通常有制品额定法、累计编号法、滚动计划法、物料需求法、生产周期法等，班组长可根据企业生产模式和生产工艺的不同采取相对应的方法。

（1）编制作业计划的流程。

① 确定生产目标：在编制作业计划前，首先要明确生产工作任务，根据目标分解确定班组生产指标。

② 准备资料：班组长在明确生产工作任务和确定生产目标后，应准备编制作业计划的相关资料。

③ 确定生产作业流程：编制作业计划应明确生产作业流程或生产顺序；为加快生产进度、缩短生产周期，应合理安排生产作业流程。

④ 核算生产负荷能力：核算班组生产负荷能力是编制班组作业计划的前提，找出生产过程中的薄弱工序和生产能力不足的环节，及时调整和做好预防措施，使生产负荷能力均衡、饱满。

⑤ 制定预防措施：在编制班组作业计划时，应将发生生产异常因素考虑进去，制定生产意外的预防措施，以防出现意外而措手不及。

⑥ 完成生产作业计划：根据各方面信息资料的汇总、分析，结合实际生产情况，完成编制班组作业计划，具体流程如图 4-1 所示。

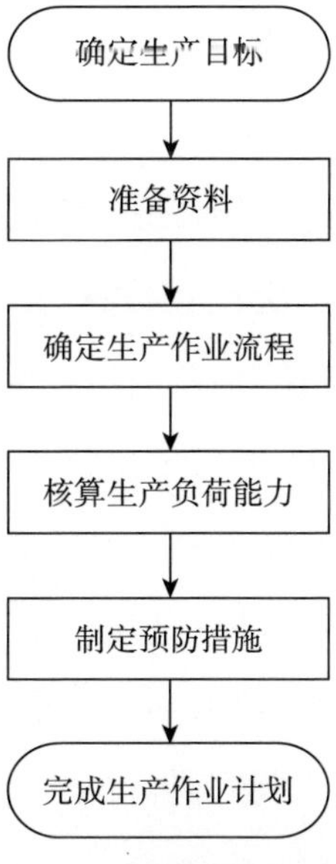

图 4-1　编制作业计划的具体流程

（2）班组生产作业计划表。

编制完成班组作业计划，经过上级审批后应张贴在车间班组生产白板内，详细记录一定周期内需要生产的工作任务，使班组成员能够及时了解到班组的工作目标。以下为某公司某车间班组（周）作业计划表，如表 4-4 所示。

表 4-4 某公司某车间班组（周）作业计划表

<table>
<tr><th>客户名称</th><th>订单编号</th><th>产品名称</th><th>订单数量</th><th>生产班组</th><th>投产时间</th><th>完成时间</th><th>计划工时</th><th>备注</th></tr>
<tr><td></td><td></td><td></td><td></td><td></td><td></td><td></td><td></td><td></td></tr>
<tr><td></td><td></td><td></td><td></td><td></td><td></td><td></td><td></td><td></td></tr>
<tr><td></td><td colspan="4">相关部门配合</td><td colspan="4">预计生产目标</td></tr>
<tr><td></td><td>工程部</td><td colspan="4"></td><td>总产值</td><td colspan="2"></td></tr>
<tr><td></td><td>品质部</td><td colspan="4"></td><td>总工时</td><td colspan="2"></td></tr>
<tr><td></td><td>物控部</td><td colspan="4"></td><td>人均产值</td><td colspan="2"></td></tr>
</table>

二、生产过程管理控制

生产过程管理控制关系到班组生产作业计划的落实和生产目标的实现，生产过程中会存在影响作业计划的各种因素。通常生产过程管理控制分为作业计划执行前、作业计划执行过程中、作业计划执行后三个阶段，具体情况如下。

1. 班组作业计划执行前的管理控制

班组生产作业计划在落实和执行前，应做好动员、沟通、宣导工作，充分调动班组成员工作的积极性，即要求所有班组成员明确班组目标、岗位指标和生产作业计划的执行情况。通常班组生产作业计划执行前的控制有以下两方面。

① 预防是指班组长提前做好执行计划的应急措施，避免过程中出现意外情况。

② 动员会是指班组长在执行前与班组成员宣导工作目标及作业计划的重要性，包括过程监督管理和绩效考核等，让班组成员感知执行作业计划的目标性、重要性和责任。

2. 班组作业计划执行过程中的管理控制

过程控制是作业计划执行的关键，班组长做好作业计划过程控制有以下几个方面。

（1）日常监督与过程控制。

班组作业计划执行过程中，班组成员在开始阶段比较认真、积极，但到了执行中期渐渐会出现懈怠现象，此时班组长必须做好过程监督和关键抽查相结合的控制措施，及时掌握进度信息，加强进度管理和质量控制，保障生产作业计划的顺利进行。

（2）严格执行过程质量检验控制。

严格执行企业品质管理方针和动员全员参与品质管理是班组长管理工作的重点，因此班组长必须树立品质意识，与品质管理部门沟通协作，严格检验标准和过程控制，采取品质管理方法和技巧，保证产品质量。

（3）严格过程损耗控制与成本管理。

班组长在执行作业计划过程中，应严格按照BOM表清单、使用标准和操作规范降低过程损耗，杜绝物料超领现象，班组全员全面做好削减浪费控制管理是降低生产成本的有效措施。

（4）保证客户交期。

客户交期是生产管理活动的重要管理目标，需要生产车间及各生产班组的订单生产配套、均衡生产，以保证作业计划的有效执行。因此任何生产环节都必须严格按照生产计划进行，保质保量按时完成生产任务是执行生产班组作业计划的核心。班组长应随时监控作业计划，采取有效手段和预防措施，缩短生产周期，保证班组生产目标的达成。

（5）班组教育培训。

始于教育、终于培训，班组长应掌握本班组的生产工艺、作业流程和生产管理技术，利用自身优势加强班组成员和关键作业岗位的教育培训，加强班组核心团队建设与“多能工”的调动安排，全面提升班组员工生产作业水平。

（6）班组绩效考评。

为保证班组作业计划的有效执行，班组长应加强过程管理和奖罚制度管理。班组成员超额完成生产任务指标的，应及时采取表扬或奖励措施；凡是没有完成当日生产任务指标的，必须采取相应的惩戒措施，最大限度调动班组成员工作的积极性。严格执行企业绩效管理体系，全面客观、公正、公开班组成员的业绩考评结果，以增强员工责任感和达成团队目标。

3. 班组作业计划执行后的管理控制

班组作业计划执行后的管理控制，是指班组长要求车间班组成员在完成作业计划目标后及时总结、分析影响达成班组工作目标的因素，形成管理体系和操作规范，确保在下一个作业计划执行过程中高质量完成班组团队工作任务。

三、班组长如何做好计划变更管理

班组作业计划变更是因生产计划的调整、生产条件及其他因素的变化所进行的异常变更。计划变更会影响车间班组所有资源的调动和生产任务的转移情况，因此班组长进行计划变更时，应遵守作业变更程序，保证班组作业计划变更处于受控状态，避免出现大的偏差。

1. 全面了解作业计划的变更条件

在确定班组作业计划后，企业生产系统一般是不允许随意变更的，一旦发生计划变更会影响企业整个生产资源的协调，导致成本增加，因此除非特殊情况经过领导批准才可以进行变更处理。作业计划的变更管理通常应符合以下条件。

① 因客户要求而出现的订单数量变化或因取消订单而发生计划变更情况的。

② 客户要求调整订单交货期而发生变更情况的。

③ 因产品工艺技术原因而发生计划变更情况的。

④ 因物料短缺，预计会长时间停工而发生计划变更情况的。

⑤ 因品质异常，尚未解决导致延迟生产而发生的计划变更情况的。

⑥ 因其他因素需要对作业计划进行调整而发生计划变更情况的。

2. 作业计划变更流程

作业计划变更必须按照管理程序执行。班组长应及时向上级领导汇报和提出作业变更申请，经上级领导或主管部门沟通确认后及时更新作业计划。班组作业计划变更程序通常有以下三步。

第一步：变更申请，由车间班组长向上级或相关部门提出变更申请，包括变更后的产品名称、每日产量、生产交期等信息内容。

第二步：审批执行，班组长应及时公布经上级主管或相关部门批准后的变更作业计划。

第三步：执行新作业计划。

3. 如何分析目标差异及改善处理

在实施变更作业计划过程中，班组长一旦发现与计划产能或交期目标存在差异，应及时汇总分析并找出导致产能落后或影响生产交期的原因，采取有效措施或向上级反映寻求支援，保障班组目标的顺利达成。

（1）实际产量分析评估。

班组长在变更作业计划实施一个阶段后，应及时对班组实际产量进行分析评估，确认现存实际产能负荷是否满足生产交期，明确作业计划与实际产能存在的差距，便于及时做出调整。

（2）差距原因分析。

班组长通过对班组实际产能分析评估，找出实际产能与作业计划存在差距的原因，包括人力不足、设备异常、品质异常、物料异常等，并及时采取有效措施进行调整改善或向上级主管汇报寻求支援，保证生产交期目标的顺利达成。

（3）消除工作目标差距与改善措施。

班组长经过分析明确实际产能与工作目标的差距后，应及时采取有效措施处理应对，通常以下四种改善方法。

1）预防与控制。

班组长在设定班组目标或执行作业计划时，应做好应急预案措施，一旦发现目标差距，及时启动改善预案并纠偏控制，保障生产目标的顺利达成。

2）强化生产过程管理控制。

实施生产要素全面监督控制及流程管理，随时掌握和监控生产过程数据信息的变化，并严格执行各项管理制度，杜绝违章操作和不负责的情况。

3）强化生产作业培训管理体系。

形成班组培训学习文化，全面提升班组岗位人员安全生产、规范操作、设备使用、质量检验等工作技能，并培养“多能工”核心骨干人员，遇到特殊情况可启动“多能工”应急措施，确保生产计划的顺利实施。

4）实施班组岗位业绩考核管理制度和奖勤罚懒、优胜劣汰的管理工作方针。

结合班组实际情况，实施培训学习和实际操作的双重业绩考评制度，如关键业绩指标（KPI）、关键行为指标（KBI）、工作目标设定（GS）等。

5

CHAPTER

第五章

班组长与生产设备及工具管理

第一节
设备管理基础

生产设备是现代工业生产活动中不可缺少的生产工具，是车间班组生产运营的基本保障。班组长要想做好生产设备的管理，必须对生产设备工具的操作规范有一定的了解。

一、什么是设备及工具

生产设备是保障生产活动所配置的技术装备，如机台、仪器、检测设施的总称。工业制造生产活动使用的设备一般有以下几种类型。

① 操作性设备：如机床、铣床、CNC、打包机、贴片机等。

② 检测工具：如品质测试检验使用的测量仪器等。

③ 工装夹具：在加工、装配或检测时定位的辅助器具等。

④ 工具：螺丝刀、扳手、手钳、电钻等。

二、设备的类型

设备是保障正常生产活动的主要器具，本章所述设备是指生产班组常规使用的机台设备、工具及混合体，生产班组使用的生产设备通常包括以下几种类型。

① 直接生产设备：如机床、注塑机、碎料机、移印机、CNC、流水线等。

② 辅助生产设备：如电批、工装夹具等。

③ 间接生产设备：如发动机、照明电器、空压机等。

④ 检测设备：如千分尺、卡尺、塞规、拉力仪、投影仪等。

⑤ 运输设备：如机动叉车、手推车、电梯等。

⑥ 办公设备：如电脑、打印机、复印机、碎纸机等。

⑦ 其他：如饮水机、烘手机、消毒柜、厨房设备等。

三、生产与设备的关系

在企业竞争日益激烈的今天，尤其是制造企业成本增加、利润日渐微薄的形势下，为实现可持续发展和经营目标，企业不得不采取规范管理生产设备的方法来降低生产运营成本，以提高企业产品在市场上的竞争力，力求产值效益最大化地利用设备。最直接有效的方法措施就是在保证正常生产的条件下，全面降低生产设备因维修、磨损等产生的成本和费用，保障设备的使用率，从而延长生产设备的使用寿命。

例如生产使用的设备超负荷运转和工作效率缓慢，频繁发生各类故障或需要经常性维修才能使用的情况，最终也会导致产品质量波动及不稳定，或者导致操作存在安全隐患等问题，同时将会增加资源成本、资源浪费、管理等成本。这些问题是严重影响生产交期和产品质量、生产效率的不良连锁反应。因此，生产与设备的关系是非常重要的，如图 5-1 所示。

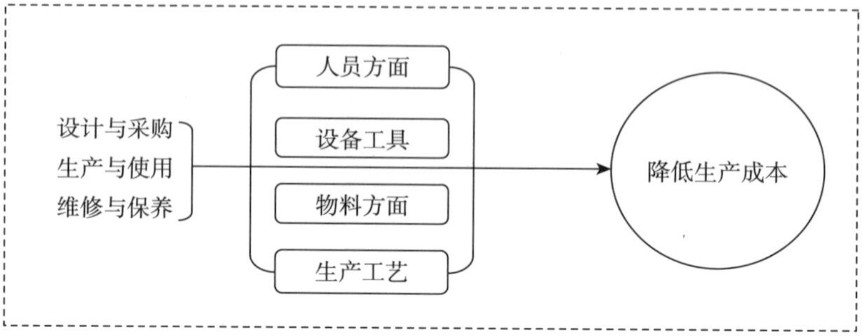

图 5-1 生产与设备的关系

四、设备对生产的影响

班组生产设备是完成生产任务或产品加工的重要保障，生产设备的好坏、先进程度和技术状态是提升企业生产负荷能力的重要因素之一。设备对生产的影响包括以下几方面。

① 设备的使用精确度和寿命。

② 生产活动能否顺利进行。

③ 因设备引起的工伤事故。

④ 产品质量的稳定性。

⑤ 生产效率的提升。

⑥ 设备综合使用效率。

⑦ 生产成本的降低。

⑧ 客户交期的准确率。

⑨ 员工操作的疲劳度。

⑩ 工作的积极性。

⑪ 创造经济价值的多少。

从上述的这些情况总结分析，设备对完成生产计划的影响是无法估量的，更关系到企业生产经营活动与经营目标，因此，设备管理是班组长重要的工作职能和管理目标。

五、生产工具如何分类

生产工具是指车间班组在生产制造过程中，因产品工艺而使用的各种器械。生产工具是实施班组作业计划的重要生产要素，因此班组长必须重点做好工具的区分管理。

1. 班组通用、专用工具

班组通用、专用工具包括刀具、模具、量具、磨具、卡具、手工工具等。

① 刀具是指生产加工中切削金属的工具。

② 模具是指生产中用来让被加工件形成特定形状的工具。

③ 量具是指用来检查产品、测量产品或检测部件的工具。

④ 磨具是指生产加工中磨削金属的工具，如砂轮、切割和抛光工具等。

⑤ 卡具是指固定生产加工件的刀具。

⑥ 手工工具是指生产时使用的常规专业工具。

2. 特殊工具（辅助性）

班组使用的特殊工具包括以下几种。

① 产品测试或实验台。

② 工作台、工作梯子。

③ 厂区运输工具，如叉车、拖车、专用车、铲车等。

④ 其他工具，包括焊接线、水管线，电工使用的电笔、电表、安全带等。

第二节
设备管理规划

生产设备是班组生产运作的基本保障。班组长要做好生产设备的管理规划并进行系统全面性的规范管理。设备管理规划是实现班组作业计划目标的基本要素。

一、生产设备基础资料的规范管理

设备规划管理是指班组生产设备的区别分类、基础资料、使用、点检、维修和操作规程等系统管理的总称。班组长根据生产设备的运行和特点要求，针对不同的设备应采取不同的管理方法。

1. 生产设备基础资料管理的基本要求

① 配置专人或兼职负责生产设备管理，如果发生人员变更，必须按照目录逐次交接。

② 登记造册，建立设备基础资料标准化管理，遵循齐全、整洁、规范、统一的原则，便于查找。

③ 相关机械设备基础资料报表、文件材料填写要求：简练、工整、概括、规范、标准化。

④ 重要设备图纸管理要遵循复印、拍照、编号、附带说明的原则。

⑤ 原始检修等资料文件要整齐装订，按顺序编号并统一存档。

⑥ 所有设备资料文件要逐页编码、未有铅印编码的使用阿拉伯数字编号。

2. 生产设备基础资料标准化

① 班组所有使用设备的资料要齐全、存档管理。

② 设备资料要整洁、齐备完好、规范化。

③ 设备资料填写完整、准确、真实、精练、系统。

④ 设备资料填写后要及时归档。

⑤ 设备维修要有维修记录存档。

二、班组生产设备管理规划

班组生产设备管理规划主要包括操作规程、使用规程、设备维护规范等。班组长在制定设备操作规划时，应根据设备运行特点及安全性为依据，保证操作规范的实用性。

1. 制定设备操作规程内容

设备操作规程概括如下。

① 设备操作程序要求，包括操作前的准备工作和操作顺序。

② 设备操作安全管理要求，非本岗位操作人员，未经批准不得操作本机，任何人不得随意拆除安全防护装置。

③ 设备异常处置要求，如何排除设备故障要点。

④ 设备技术性能和允许的极限值，如最大负荷、电压、电流、温度、压力等。

⑤ 设备发生紧急情况的处置规定或发生异常情况的处理流程。

⑥ 设备操作人员工作状态要求，是否集中精力按照规程操作。

2. 设备操作规程的贯彻执行

设备操作必须严格按照设备规程执行，班组长应做好设备操作教育培训，并现场指导和监督员工的操作程序，防止出现违章或异常操作。

① 操作生产设备必须经过实际操作考核，并取得上岗证。

② 新设备在投入使用前，要有专业设备主管人员指导设备使用和维护规范，并编制操作手册，相关设备操作、维护人员必须人手一册。

③ 班组长要经常组织设备操作人员学习规程，设备主管人员要对设备操作员进行讲解和辅导。

④ 车间领导要经常组织学习相关设备操作规程，班组长要每月组织设备操作规程学习和执行情况检查，并纳入考核范畴。

3. 设备日常巡检管理规范

设备巡检是为了发现生产异常和改善及维持生产设备原有性能，通过巡检人员和班组人员的视觉、听觉、嗅觉、触觉或相关仪器工具，日常化对生产设备的运转情况进行检查及信息反馈处理。

（1）设备巡检的要求。

1）巡检内容。

班组相关人员对设备运转的巡检，通常依据其结构和运行的方式进行重点部位或全方位的查看，包括检查关键部位、运行声音、运行参数值等。

2）巡检方法。

班组相关人员针对设备具体运行特点，明确规定每台设备的每一个巡检点的巡检周期，一般以小时、班次、日、周、旬、月为检查节点。

发现问题要及时处理，重大情况需要立即报告上级；巡检结束后及时将发现的情况记录于设备巡检表，某公司的设备巡检表如表 5-1 所示。

表 5-1　某公司的设备巡检表

设备名称	设备编号	巡检状态	处置方法	处理耗时	巡检人员	车间签字	时间	备注
说明								

巡查车间 / 生产班组：　　　　　　　　　　　　　　　　日期

（2）规范巡检人员。

生产岗位操作人员负责对本岗位使用设备的巡检点进行检查；专业维修人员负责重点设备的巡检；班组长负责设备运行的抽查监督。

企业也可以根据设备的数量和复杂程度确定专职的人选，专职设备维修人员除了日常生产设备的巡检外，还需要对设备的运行动态及异常进行维修处理。

（3）信息传递和反馈。

岗位人员情况不同，有关设备的异常信息传递及反馈也会不同，通常设备异常情况传递处理要求如下。

① 生产岗位操作员发现设备异常或不能正常运转时，需要紧急处理的应及时向班组长反映，隐患或缺陷一般由班组长检查，登记检查表，并传递给设备维修人员及时处理。

② 专业生产维修人员进行设备巡检，应做好巡检记录和汇总并确定维修方案。

③ 紧急特殊情况的，先维修处理后再做好记录并进行总结、分析。

第三节
设备维护与保养

既然明确了生产设备对生产班组的重要性，就应细化设备日常维护与保养要求，确保设备处于正常状态，保证生产作业计划的顺利进行。

一、设备点检

1. 确定设备点检项目

设备点检是指相关人员对机器设备进行定期或不定期的检查、清理、加油、维护等工作的总称。设备点检通常分为开机前点检、运行中点检、周期性点检三种情况，如图 5-2 所示。

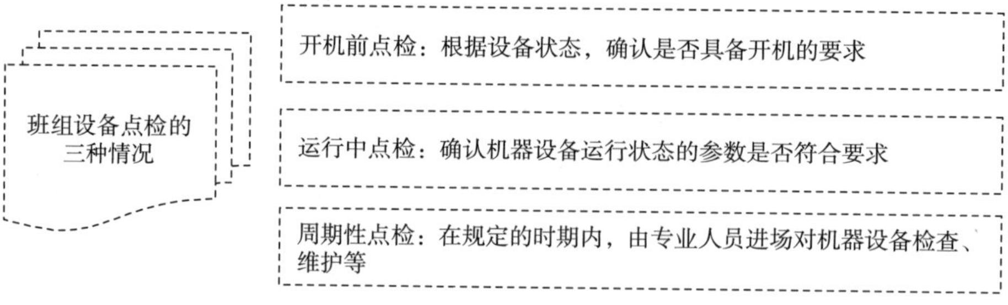

图 5-2　设备点检的三种情况

2. 确定点检内容

班组相关人员根据设备的运作特点和实际情况规定设备点检的内容，设备点检一般包括检查设备、清理油渍、校检设备、设备给油、设备排水（气）、简易维修六项，设备点检内容及具体说明如表 5-2 所示。

表 5-2 设备点检内容及具体说明

点检内容	具体说明
检查设备	相关人员依靠“五感”对设备进行检查，检查内容包括：异声、震动、异味、湿度、裂纹、腐蚀、泄露、损毁等
清理油渍	相关人员及时对机器设备固体槽沟、周边、工作台等进行清洁清扫
校检设备	相关人员对相关机器设备的螺栓、皮带、垫片等进行紧固、调整
设备给油	相关人员及时对机器设备的给油装置进行加油或更换配件
设备排水（气）	相关人员及时排出机器设备存在的水分、气体
简易维修	相关人员及时对设备的保险丝、油封、指针等进行修理或更换

3. 设备点检的工作实施

为使设备操作人员能够熟练地对机器设备进行点检工作，有必要对操作人员进行一定专业知识、设备运行特点、原理机能的教育培训，可由设备专业技术人员负责，结合班组专项教育训练或采用特定的方式进行。

（1）编制设备点检计划。

通常设备点检计划包括设备名称、点检时间、点检内容、点检标准、点检人员、考核等内容，点检工作应形成制度规范。

（2）设备点检计划实施。

由设备操作人员根据设备运行特点和原理进行设备点检，具体要求如下。

① 由车间班组设备操作人员按照点检计划的内容、标准逐项进行检查及确认。

② 操作人员严格按照确定的路线、机台逐一进行停机点检、运转

点检和重点部位点检。

③ 操作人员在进行点检的同时做好记录。

④ 操作人员点检结束后将相关情况向班组长反映及确认。

⑤ 操作人员可运用“五感法”或相关仪器进行点检，并结合实际操作经验寻找故障点或制定预防措施。

二、设备润滑

设备润滑是设备操作人员在正确使用和维护设备方面的重要环节，它利用润滑技术减轻设备摩擦、磨损，降低设备的故障率，提升设备利用率。通常设备润滑的重点是做好定人、定点、定质、定期、定量，称为“五定”。设备润滑的“五定”管理如图 5-3 所示。

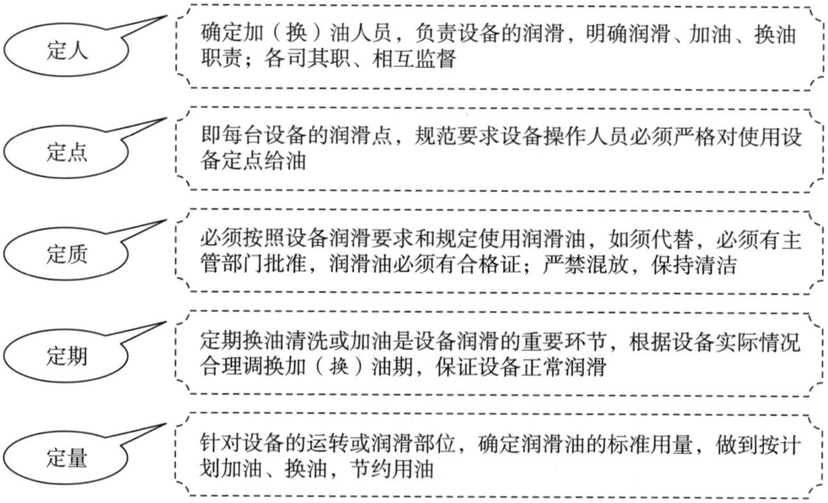

图 5-3 设备润滑的“五定”管理

重要提示：

设备润滑加（换）油，必须严格把控润滑油的品牌、型号、品质和润滑方式、加油的标准用量等，特别是精密度高、昂贵的特殊设备必须有严格的规定及要求。

三、设备保养

班组设备保养要求相关设备操作人员或专业维修人员，在规定的时间对生产运行设备的参数、异常声音、异味、超负荷等进行检查，并及时做好清洁工作。

生产设备日常保养是设备维护管理的基础，应形成制度化，监督检查，严格做好设备的保养工作。设备保养通常分为一级保养、二级保养和三级保养的三级保养制度。班组应根据设备运行特点和实际情况，充分发挥设备操作人员的积极性，实现设备全面保养。

1. 设备一级保养

设备一级保养，也称为每日保养或开机例行保养，要求生产操作人员在每天上班前后对设备进行检查、清洁、润滑、校正等护理措施，以确保设备的正常运转和性能维护。操作人员每日设备保养要求及具体说明如表 5−3 所示。

表 5−3 每日设备保养要求及具体说明

保养要求	具体说明
常规关键检查	检查设备的电源开关、启动开关、线路等关键装置
关键部位清理	对生产设备滑动杆、丝杆、齿轮、油箱、加油孔等油污部分进行清理
设备润滑制度	设备操作前的润滑，油路没有干磨现象，严格执行设备润滑制度
常规配件准备	对设备零部件、工具、量具、夹具、易损件等常规零件的储备
设备仪表校正	对设备运转前的仪表、参数的确认及校正
规范安全操作	严格执行安全操作规程、严禁超负荷使用、安全防护装置齐全有效等

2. 设备二级保养

设备二级保养是由设备部主管于每月末依据相关设备年度维护保

养计划，参照设备运行特点或实际维修状况，结合产能目标、备品零件拟定月度生产设备保养计划并上报企业领导审批后执行。

设备二级保养的范围包括企业所有相关生产设备，特别是对精确度高、昂贵、特殊、自动化、智能化的主要设备严格检查、维护保养，目的是消除隐患，减少设备磨损和延长设备使用寿命。

设备二级保养通常是指企业专职设备维修人员有操作人员协助的情况下，负责对生产设备进行周期性检查、维护保养，原则上是每月一次，具体要根据企业的生产淡旺季进行。设备二级保养内容如图 5-4 所示。

1 设备紧固部位的间隙、松动的调整，更换损坏的部件

2 疏通设备油路、添加油量，清洗过滤器、油管、油毡及润滑等

3 相关设备指定拆卸的部件及清洗维护

4 清洗导轨、滑动杆或拉动杆等，清除毛刺和划痕

5 电控装置、线路、丝杆、油嘴等检查更换

图 5-4 设备二级保养内容

3. 设备三级保养

设备三级保养是指由专职设备维修人员或设备供应商专业维修人员对生产设备的检查、维护保养，通常是根据企业生产设备运行特点或设备保养计划进行；一般以年度为周期，以清除隐患为中心，以维修人员为主，操作人员协助，按照规定的保养内容及要求对设备进行检查维修、更换损坏部件，保障生产设备技术状况符合要求，

并做好维护保养记录，由操作人员验收。设备三级保养内容如图 5-5 所示。

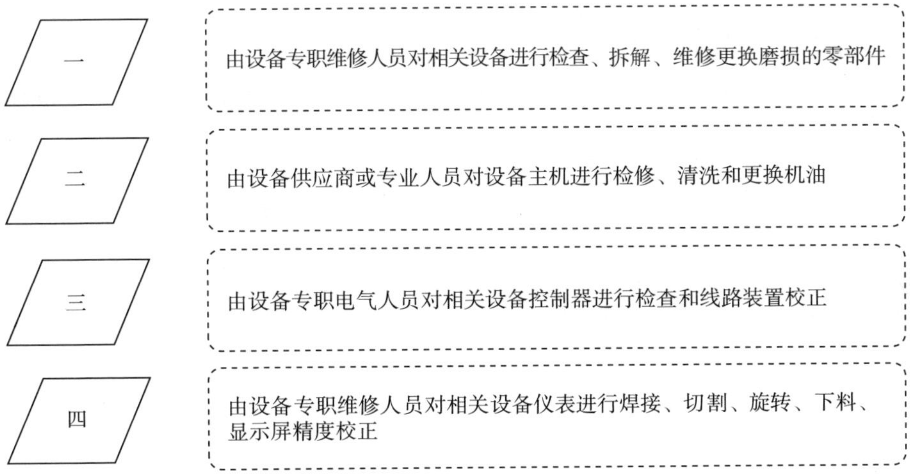

图 5-5 设备三级保养内容

年度设备维护、保养是根据设备保养计划的统一安排实施，某公司设备年度保养计划如表 5-4 所示。

表 5-4 某公司设备年度保养计划

设备使用部门： 年 月 日

设备编号	设备名称	使用部门	检修频率	检修内容	检修人员	部门确认
备注：						

制表： 审批： 批准：

四、排除故障诊断分析与预防管理

设备故障是指设备偏离了正常操作的基本状态，丧失了其应有的特点功能。设备故障的发生直接影响到正常生产进度和产品质量的稳定性，重则可能造成环境污染、安全事故，也严重影响设备的精确度和使用寿命。

在生产过程中，班组长与生产操作人员需要时常关注生产运行状态，及时发现、识别设备存在的故障或隐患，并且做好基本的故障分析、判断，有效处理设备故障或简易维修，做好设备预防管理工作，保证生产活动的顺利进行。

1. 设备故障探讨

设备故障是由设备本身因素、磨损或操作不当造成的故障，设备故障的原因分析如表 5-5 所示。

表 5-5 设备故障的原因分析

设备故障原因	原因描述
自然损坏	设备自然损坏属于正常现象，是由于设备结构、性能等运转特点自然磨损老化造成，解决方案就是维修、更换零部件
操作不当	是由于操作人员违反设备操作规程，私自调整设备参数出现的故障
超负荷运行	是由于设备运行状态超出设备出厂设计的标准负荷出现的故障
变相使用	私自改变设备使用范围和设备功能出现的故障
设计不科学	属于设备设计问题，使用过程中无法适应不同的材料出现的故障
维修质量问题	维修设备时，使用不合格零部件或装机不合格等出现的故障
保养不善	没有按照设备维护计划制度执行，保养不善导致设备频发故障

2. 设备故障分析

设备故障是多方面原因造成，班组长应根据日常工作实践进行设备故障分析，确定故障产生的原因，找出设备故障的变化规律，做好设备故障预防措施。班组长对设备故障进行分析通常依据以下几方面，如图 5-6 所示。

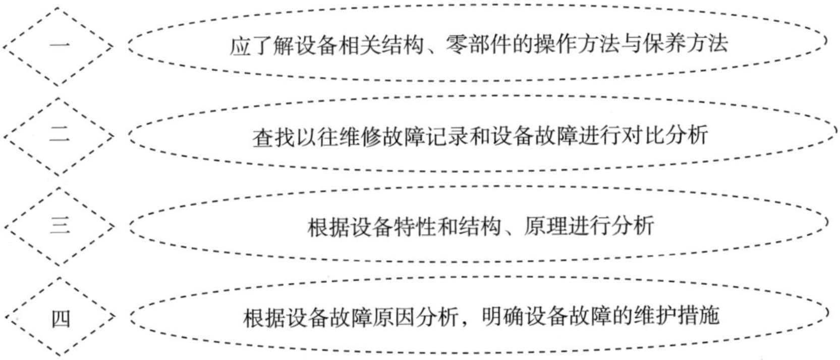

图 5-6　设备故障分析

3. 设备故障预防管理

设备故障直接影响生产进度和产品质量的稳定，因此生产设备的故障预防管理措施是保证生产设备正常运行的前提，具体分为以下两部分。

（1）设备使用前的预防管理措施。

① 详细了解生产设备的使用说明，规范制定设备操作规程或操作方法及注意事项。

② 详细了解生产设备的维护保养、点检要求及发现故障的处置方法。

③ 企业设备部与生产制造商建立联系，在发现设备故障时方便沟通。

④ 做好生产设备易损耗零部件的库存管理，在出现设备故障时及时维修。

⑤ 由设备制造商负责培训企业方面的专职设备维修人员。

⑥ 对生产设备的相关说明等资料进行规范保管，便于日常查找使用。

（2）设备运行中的预防管理措施。

① 规范生产设备的操作规程、品质培训、安全教育训练机制，严禁违章操作。

② 严格按照生产设备的维护、保养、点检标准及要求执行。

③ 明确设备操作异常反馈信息制度，发现异常及时报告。

第四节
生产工具管理

生产设备与生产工具同样重要，班组长在管理设备时，应参照本节的学习做好生产工具的管理工作，对实现班组生产作业计划目标及效率管理、稳定产品质量有一定的帮助。

生产工具是完成客户需求价值的重要条件之一，班组长应做好工具领取、使用等环节的管理，包括以下几方面。

一、生产工具造册登记管理

完成班组工具规范管理第一要素就是确定专职人员，对生产工具进行综合分类、登记、记录状态。

① 明确专职生产工具管理人员。

② 划分工具储存区域。

③ 根据工具的不同种类进行区分、记录。

④ 规范制定工具账簿管理制度，造册登记管控。

⑤ 规范工具领取、交接、归还管理制度。

二、工具的领用管理控制

在班组生产活动中，生产工具领用分为长期领用和临时借用两种情况，班组长必须做好生产工具的领用工作，进行规范管理控制，确保合理使用生产工具。

1. 生产工具长期领用管理要求

班组员工对于需要长期使用的相关生产操作工具，须按长期性工具领用控制流程领取相关工具，如图 5-7 所示。

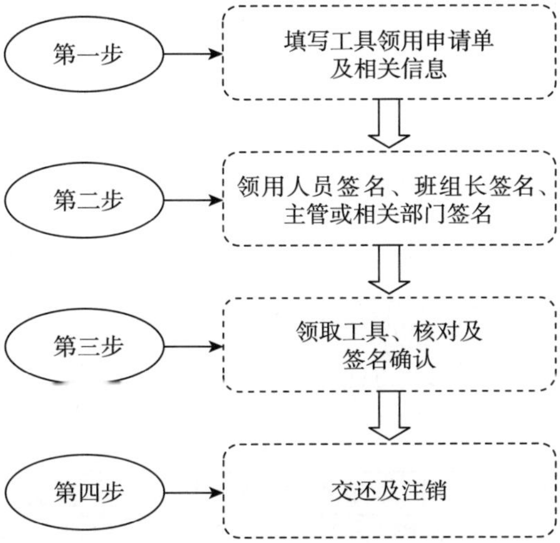

图 5-7　长期性工具领用控制流程

为了规范工具领用管理工作，员工应严格按照工具领取申请表填写执行，如表 5-6 所示。

2. 生产工具临时借用管理要求

生产工具临时借用是指班组员工因生产工作需要，短期使用相关生产工具的行为；或者其他部门因自身生产活动的需要，暂时借用本班组工具的情况。

表 5-6 工具领取申请表

日期：　　　年　　月　　日

车间或班组		所属部门		生产任务			
序号		工具名称		数量		领取时间	交回时间
工具管理员意见	签名：						
领取人签名	签名：						
主管审批意见	签名：						

为规范生产工具临时借用管理工作，凡是临时性借用生产工具的，应填写生产工具临时借用申请表，以下为广东省 ××× 科技有限公司生产部工具临时借用申请表，如表 5-7 所示。

表 5-7 广东省 ××× 科技有限公司生产部工具临时借用申请表

年　　月　　日　　　　　　　　　　编号：

申请人员姓名		所在部门		职务	
借用原因					
工具名称	规格	数量	借用时间	预计归还时间	实际归还时间
工具管理员意见	签名：				
班组长意见	签名：				
主管审批意见	签名：				

三、工具保管

生产工具是进行生产活动的必要条件，因此，班组长应做好生产工具的使用、保管、监督及管理工作，具体有以下几点。

① 班组员工在完成生产任务后，应及时清洁工具并清点数量，确保工具无丢失。

② 班组员工在归还工具时，应将工具放回规定的地方。

③ 所有生产工具应遵循按类存放、摆放整齐的原则。

④ 如有工具损坏应及时反映、区别放置并及时维修处理。

四、如何规范整理工具

班组生产操作人员在使用生产工具时，班组长应及时做到工具使用监督、整理，具体如下。

① 生产工具统一由工具保管员负责集中保管，随时做好工具整理，保障工具处于受控状态。

② 班组长应做好生产工具规划管理，在保障生产工作任务顺利完成的前提下尽量减少工具使用的种类或频率。

③ 生产工具尽量放置于距离作业较近的位置，便于操作使用或放置，力求减少工具取用、放置产生的大幅度移动，以降低生产人员的疲劳度。

④ 应把切割专业类的工具放置于木匣或刀模中，专业保管。

⑤ 规范经常使用或偶尔使用工具的存放管理并标识清楚。

⑥ 对于特殊或重要工具，应做到每天归还检查、防护、清点等管理控制。

6

CHAPTER

第六章

班组长与生产物料管理

第一节
生产物料需求规划

精益生产的核心理念是以合适的物料制造合适的产品。生产物料是产品的主要组成部分，班组长应做好物料的领取、使用、储存、退仓等规划，以提升其利用率和降低损耗，保障班组生产指标的顺利完成。

物料需求计划是班组长依据客户订单需求量、产品结构的使用量或过程损耗编制成物料需求定额的方法。班组长规范生产计划需求物料的领用定额，是对生产物料进行数量控制、质量控制、全面控制及提升车间生产物料周转率，从物料需求计划及各环节上控制物料损耗与浪费。因此班组长在安排生产备料时，应明确不同物料种类及要求，熟练掌握生产物料定额标准计划核算方法，保证班组作业计划的顺利进行。

一、明确生产物料标准定额

生产物料标准定额一般分为数量标准定额、价值标准定额、单项标准定额、通用标准定额四种。

1. 数量标准定额

数量标准定额是指依据客户订单量总需求，结合产品结构使用物料的范围并形成标准来计算完成生产订单总体需求标准定额用量过程的方法，以保证生产备料或领用数量的准确性，确定生产物料数量标准定额通常参照以下两方面。

① 依据 BOM 标准，明确该批次订单产品本身需求相关物料的数值标准。

② 确定相对贵重物料和主要原材料、辅料等规格型号较为通用物料或偶尔使用物料的数量标准定额。

2. 价值标准定额

价值标准定额是指依据物料本身的价值核算需求用量总金额确定需求标准定额的方法，如五金生产企业使用的 301、304 不锈钢管是以金额来确定生产需求标准定额的，具体情况有以下三方面。

① 价值标准定额适用于单价较稳物料的定额，例如钢板、不锈钢管等生产原料。

② 价值标准定额简化了复杂的核算方式。

③ 价值标准定额能够统一不同物料的标准，例如一吨塑胶原料可以生产出 5000 个塑胶壳产品。

3. 单项标准定额

单项标准定额是指针对特定物料确定标准定额的计算方法，例如根据生产需求核算出生产辅料的用量标准定额。

4. 通用标准定额

通用标准定额是指确定大部分生产过程都会使用到的相关物料需求标准定额的方法。例如物料用途、功能、特点分类计算定额等，或例如一桶原料通常可以保证一个月的生产需求。

二、如何计算物料需求定额

物料需求定额是完成生产任务的必要条件，因此班组长要掌握物料需求定额的计算方法，一般分为实际经验判断法、资料统计法、生产测试法和工艺计算法四种。

1. 实际经验判断法

实际经验判断法是指班组长根据曾经生产过的相同产品的实际经验确定物料消耗量，评估、分析并计算的方法，前提是班组长必须对产品机种、工艺流程、物料特点、生产制程有深入的了解，此方法适用于在缺失产品工程资料情况下的需求定额计算，如图 6–1 所示。

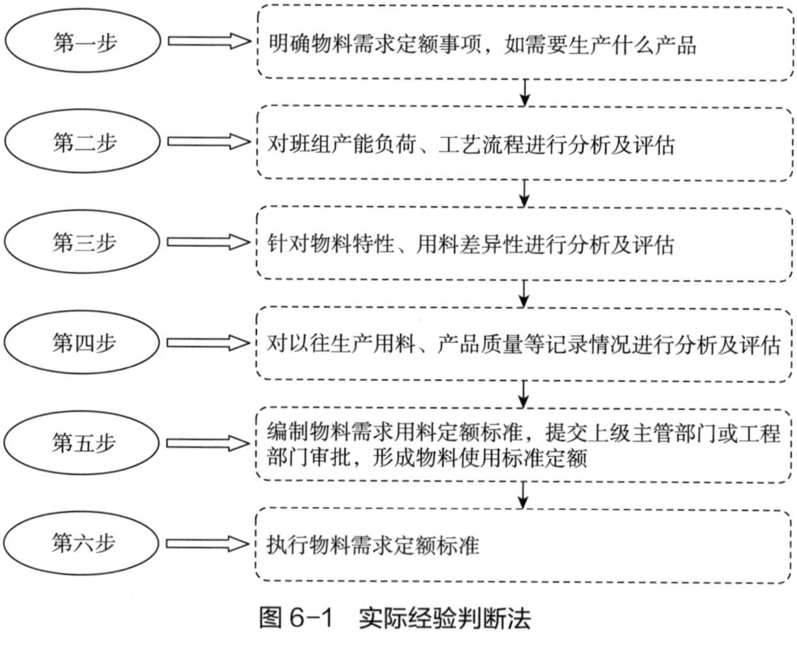

图 6–1 实际经验判断法

2. 资料统计法

资料统计法是指班组长对有过同等产品生产过程记录的相关资料数据进行整理、总结，并依据生产计划需求量来核算实际需求标准定额的方法。统计过程要求记录资料齐全、数字准确，资料统计法适用于资料完善或运行规范的情况，例如之前有新产品试产或小批量生产过程记录的相关资料等，具体情况如下。

① 明确物料需求定额事项，如需要生产的产品机种、生产量。

② 对班组产能、用料记录、不良损耗、品质记录等历史记录进行总结、分析及评估。

③ 计算与排除物料生产过程中产生的损耗并形成初步标准。

④ 编制物料需求计划标准定额，形成 BOM 标准后交上级主管部门审批。

⑤ 执行 BOM 标准。

3. 生产测试法

生产测试法是指班组长先实施生产活动，依据实际生产过程物料使用情况进行生产测试，以确定物料需求计划标准定额的方法。该方法要求在投入生产的同时进行测试，一般是由 PIE（工艺整合工程师）人员负责生产测试，例如新产品首次生产时进行生产实际测试，之后拟定标准定额。生产测试法包括以下七个方面。

① 确定生产作业计划、物料需求计划。

② 确定生产需要使用的相关物料。

③ 完善生产设备操作、工具使用、工艺要求相关教育培训。

④ 进行生产测试，如在投入生产的同时即开始测试，由班组长或 PIE 人员共同进行。

⑤ 记录、整理、分析及评估生产过程中设备、工艺、质量、损耗率等运行数据。

⑥ 编制产品物料需求标准定额，即 BOM 标准。

⑦ 执行标准化。

4. 工艺计算法

工艺计算法是指班组长依据产品工程资料及相关制造工艺核算出物料需求标准定额的方法，适用于产品简易、物料较小的产品型号，具体有以下几种情况。

① 确定生产物料需求定额及要求，如确定是订单批量生产还是新产品试产。

② 对生产历史相关数据进行整理，如设备运行时间、消耗物料、不良损耗、质量记录等。

③ 对生产过程不同阶段环节物料使用情况进行记录计算。

④ 计算出标准损耗量和确定正常标准使用量。

⑤ 编制物料需求 BOM 标准。

⑥ 执行 BOM 标准。

因企业管理模式或产品不同，生产物料需求标准定额的制定也不尽相同，例如有的企业要求生产班组长来测试物料定额标准，有的企业则是由工程部 PIE 人员测试及制定。

三、如何做好生产领料

领料管理是指班组长根据生产作业计划安排，提前做好物料准备并将生产所需物料领取至指定区域的过程。

领料管理是班组长的工作重点，也是保障作业计划顺利实施的关键环节，包括明确作业计划、安排人员、搬运设施、填写表单或电脑打单、领料时间、储存区域、物流标识等内容。

四、如何填写领料申请单

领料申请单是专业物料人员用来领取物料的单据凭证，同时也是仓储管理人员发放物料的依据。班组物料人员应明确领料申请单的相关内容，具体如下。

① 领料日期。

② 领料部门或班组。

③ 领取物料名称。

④ 领取物料编号。

⑤ 领取物料规格或型号。

⑥ 领取物料数量。

⑦ 领取物料用途说明。

⑧ 领取物料人员。

⑨ 批准人。

⑩ 备注。

领料申请单示例如表 6-1 所示。

表 6-1　领料申请单示例

生产订单编号：　　　　　　　　　　　　　　　　申领日期：

<table>
<tr><td>领料车间</td><td colspan="3"></td><td>生产班组</td><td colspan="3"></td></tr>
<tr><td>领料人员</td><td colspan="3"></td><td>部门主管</td><td colspan="3"></td></tr>
<tr><td>领用说明</td><td colspan="7"></td></tr>
<tr><td>形态说明</td><td colspan="7">□原材料　□辅助材料　□半成品　□成品　□不良品　□其他</td></tr>
<tr><td>物料编号</td><td>品名规格</td><td>需求数量</td><td>实发数量</td><td>实欠数</td><td>原因</td><td>发料人</td><td>备注</td></tr>
<tr><td></td><td></td><td></td><td></td><td></td><td></td><td></td><td></td></tr>
<tr><td></td><td></td><td></td><td></td><td></td><td></td><td></td><td></td></tr>
<tr><td></td><td></td><td></td><td></td><td></td><td></td><td></td><td></td></tr>
<tr><td></td><td></td><td></td><td></td><td></td><td></td><td></td><td></td></tr>
<tr><td rowspan="3">复核</td><td colspan="4">生产部主管：</td><td rowspan="3" colspan="3">领料人签名：</td></tr>
<tr><td colspan="4">仓库主管：</td></tr>
<tr><td colspan="4">PMC 主管：</td></tr>
</table>

五、填写领料申请单的注意事项

车间班组物料人员应按照领料申请单填写相关信息，现在也有企业使用 ERP 系统打印套料单。领料申请单填写要求通常包括以下几点。

① 内容不得涂改，因特殊原因发生涂改的须签名确认。

② 严格按照定额填写。

③ 详细填写品名、规格、型号、数量、领料部门、领料人员、领料日期，包括相关部门主管领导签字。

④ 领料数量、方式变化应在备注栏说明。

⑤ 重要、贵重物料或特殊情况应记录清楚。

第二节
生产备料管理

班组长在安排生产任务前，必须做好生产物料的领取工作安排或生产备料管理，但车间不是仓库，班组长应根据生产物料周转和使用频率领取合适的物料，保证生产工作顺利进行。

一、什么是生产备料

生产备料是指生产班组依据生产计划的统一安排，提前做好物料领取、清点、标识、储存管理过程的总称。

二、生产备料的依据

生产备料是班组长依照相关生产计划提前到仓储部门领取物料的行为。班组长必须按照规定，依据物料 BOM 清单和生产任务单计算生产物料需求定额，由物料人员填写领料申请单，经审批后到仓储部门领料。生产备料依据如图 6-2 所示。

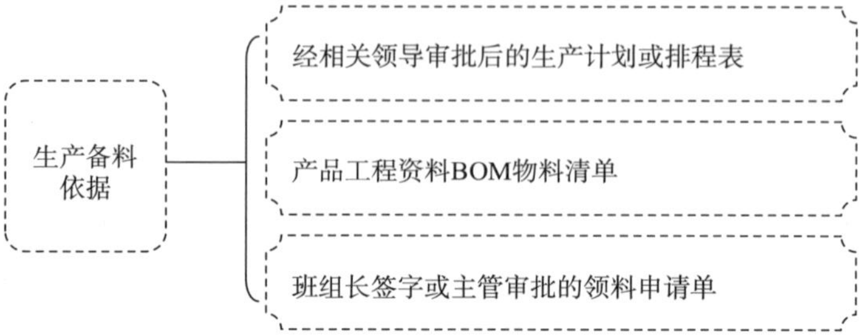

图 6-2 生产备料依据

三、备料作业

备料作业是指班组长依据班组作业计划确定的生产任务目标，包括客户交期、投产时间、生产时间、完成时间、质量要求等内容，提前安排物料人员到其他车间或仓储部门领取物料并搬运到车间物料区域，保证生产活动顺利进行的过程。由于企业运作模式和产品工艺不同及其他差异性，备料作业要点不尽相同，举例如下。

① 备料作业与制程产品质量有密切关系，因此备料员应具备品质意识，对物料领取、运输、放置等要格外小心，必须按照物料运输管理规定执行。

② 物料员严格执行物料清点、核对、区分、存放控制，发现物料不足及时汇报处理。

③ 备料作业应与业绩考核直接挂钩，提升物料员备料工作质量和工作的积极性。

④ 遵循专人负责、规范存放、安全防护、标识清楚，数量准确、账务卡一致的原则。

第三节
物料搬运及储存管理

生产物料的搬运、储存、使用应尽量减少中间的搬运，以降低人工成本，减少物料浪费，避免物料品质异常。

一、如何做好物料搬运管理

物料搬运管理是指在班组长安排物料人员将相关物料转移，改变储存位置或实施有效控制的总称。在物料搬运过程中，正确的搬运方法可避免物料受到损坏，因此班组长应对物料人员做好教育培训和监督管理。

1. 物料的搬运原则

搬运原则是对班组物料人员运输搬运工作的业务指导，有助于提高工作效率，减少和控制搬运过程对物料的损坏。根据企业搬运条件，物料人员通常是以机械自动化、简化省力、安全高效、利用重心、搬运灵活、单元承载、搬运畅通为原则进行物料搬运活动，如图6-3所示。

机械自动化	物料人员在实施搬运前，应尽可能依靠机械或自动化作业，尽量减少人工搬运，提高物料搬运工作效率
简化省力	力求简化搬运作业程序，能往下则不往上，能直行则不绕弯，尽量使用机械而不使用人工搬运
安全高效	搬运设计尽量合理，尽量减少搬运，避免损坏，快速完成物料搬运配合生产
利用重心	善于利用重力稳固设计，从而节约企业各方面资源
搬运灵活	科学设计整体结构状态，保持待运物料处于方便移动和搬运的状态
单元承载	利用易承载货物的容器，有利于机械运输、搬运和储存，力求减少搬运的频率
搬运畅通	科学规划物料搬运方案，科学协调人员、时间、工具或辅助用具等，保证搬运物料连续性作业

图 6-3　物料搬运原则

2. 物料搬运方法

由于企业产品、生产模式、物料种类和形体特点存在差异性，因此搬运方法也不尽相同。搬运过程中，物料人员应根据物料的不同特点采用不同的搬运方法。常见的主要物料分为贵重或易损物料、超大超重物料、化学或危险品物料，搬运方法及特点如下。

（1）贵重或易损物料。

班组长应做好搬运监督管理，特别是搬运艺术成品、精密仪器、仪表易损物品等，因此贵重或易损物料搬运必须遵循以下几方面要求。

① 严格执行搬运防护措施，小心谨慎、轻拿轻放，严禁挤压、拖拉翻滚，严禁违章操作。

② 严格按照物品包装放置说明进行搬运、放置、防护。

③ 搬运过程应做好防护措施，必要时使用器具或专业承载工具。

（2）超大超重物料。

班组物料人员对于超大超重物料的搬运，必须遵循安全生产和科学搬运的原则，超大超重物料搬运应做好以下五点。

① 通过教育培训强化安全生产意识，应设计超大超重物料搬运计划方案、方法和步骤。

② 尽量使用安全性较高的机械搬运设备，由专业人员指导搬运过程。

③ 在超大超重物料搬运前应准备好耐磨、高强度绳索或辅助器材。

④ 搬运前应标识好安全距离范围及安排警戒人员。

⑤ 提前做好超大超重物料搬运的应急方案，一旦发生意外情况便于启动紧急搬运预案。

（3）化学或危险品物料。

化学或危险品物料是指易燃易爆物品、危险化学品、放射性物品等危及人身安全和财产安全的物品，主要包括剧毒性、腐蚀性、危险性、放射性等物品。化学或危险品的形态尺寸、抗震质量、危害程度等各不相同，在搬运作业过程中必须严格遵守危险品搬运、储存管理制度，以下列出一些要点。

① 班组长应经常进行安全教育培训，组织制定相关作业指导学习教材。特别是化学或危险品的搬运、储存和操作使用。

② 必须严格规范危险品种类，实施运输、搬运及防护措施，严禁违章操作。

③ 必须使用相关承载工具运输或搬运。

④ 危险品搬运人员必须做好防护措施，如佩戴防护手套、穿防护服或使用其他辅助性的防护用品等。

⑤ 搬运作业时，禁止在阳光下暴晒及携带打火机等违禁物品。

⑥ 制定应急预防措施，一旦发生突发事件，立即启动应急处置预案。

二、现场物料储存管理

1. 物料区域划分与界定

班组长应根据车间生产运作布局规划设置物料区域，根据物料种类及使用情况划分若干分区，并规划路线通道和标识，车间现场物料区域设置如下。

（1）合格物料区域。

用来放置生产使用的相关主要物料，也可按照物料性质特点区分放置，如塑胶件、五金件、包材件等。

（2）半成品区域。

用来放置本班组生产的或转入班组的半成品及外协半成品等。

（3）辅助物料区域。

用来放置生产加工或辅助生产使用的物料，如胶纸、双面胶等。

（4）不合格区域。

用来放置生产过程中所产生的不合格品或不良品及挑拣出的不合格物料等。

（5）合格产品区域。

用来放置经检验合格的生产成品。

（6）待检区域。

用来放置未经检验的产品。

（7）报废区域。

用来专门放置需要报废处理的物料或半成品及成品。

2. 车间物料放置要求

班组长应做好车间生产物料领取、储存、使用、退仓、进出周转等规划管理，同时严格要求物料人员按照物料放置原则，保证物料易于取用、周转等。

① 按类区分存放，根据物料的不同特点、特性进行区分放置管理，避免类似物料发生错用、误用的情况。

② 根据物料属性和放置要求做好防护措施，如温度、湿度、防尘、防水、防倒、防污染、防静电等方面。

③ 凡是贵重而形体小的材料，应定人、定责，室内加锁保管，按定额发放使用。

④ 先进先出，对于先领用的物料生产时优先使用，避免造成呆滞物料的情况。

⑤ 五五成堆或单元储存，如卡板、胶箱、胶盒、胶袋等。

3. 生产物料的标识管理

车间生产物料储存标识管理是辨别与区分物料名称的主要方法。产品物料标识通常分为标识牌、标签、色标三种，物料标识管理如图6-4所示。

标识牌 ⇒	标识牌是悬挂在物料外部的小方牌，适用于体积较大、批次存量的物料，可划分为“塑胶”“五金”或“半成品”“成品”“不良品”等类别标识
标签 ⇒	标签是贴在物料包装外部醒目位置的一种纸质标识，适用于装箱物料，内容包括物料名称、规格、型号、材质、数量、颜色、日期等
色标 ⇒	色标是一种带有颜色的正方形贴纸，适用于物料外部表面或外包装箱，通常使用绿、红、黄、蓝四种颜色 ①绿色标签代表检验合格 ②红色标签代表检验不合格 ③黄色标签代表加工或挑选使用 ④蓝色标签代表检验“待确认”

图6-4　物料标识管理

三、物料使用过程控制

1. 生产前的物料确认

在正式投产前，班组长应做好物料监督管理，即对生产前的物料进行检查、识别和确认，这是保证生产进度和稳定产品质量及预防不合格的重要措施，生产投入的物料必须经检查符合要求，避免出现生产物料的误用或错用情况，生产前的物料确认通常有以下三点。

（1）物料准备确认。

物料准备确认是班组长在生产前对物料的准备情况进行检查确认，即配备到生产线的物料是否是生产所需的正确物料，包括物料名称、规格型号、材质、款型、数量定额的检查确认，避免造成物料错用或欠缺物料的情况。

（2）物料品质确认。

物料品质确认是指为了保证物料材质符合客户订单要求，包括依据产品工程资料检查物料外观、规格型号、材质结构、特性等方面进行确认。

（3）物料代替确认。

物料代替确认是指由于产品结构或产品工程资料要求，在某种物料短缺的情况下，可以用其他物料替代使用，但需要对该物料进行确认。

2. 生产过程中的物料控制

生产过程中的物料控制要求班组长对即将投产的相关物料的使用、摆放进行监督控制，减少物料损坏或丢失。例如生产物料的摆放使用因企业生产模式和产品的差异性不尽相同，以下是一些重点提示。

① 根据制造流程和生产节拍，合理投入物料，在流转均衡的情况下避免产生物料堆积。

② 根据物料种类的区别，尽量以单元生产或使用承载容器控制物料的数量，避免物料丢失损坏。

③ 科学合理地放置物料或配件，避免物料跌落或损坏。

④ 生产物料进行标识控制，避免出现物料错用或误用造成产品质量问题。

⑤ 及时清理工作台或工作现场，减少物料跌落碰撞，避免物料损坏丢失。

⑥ 应遵循“先进先出”原则和“轻拿轻放”原则。

⑦ 生产完毕后，多余的合格物料、不良物料、报废物料应及时清点、整理、标识、放置或开具退料单退回仓库。

四、呆滞料、废料预防及处置

呆滞料是指由于生产因素的制约、客户订单变更或该生产批次活动结束后暂时无法生产使用的储存物料。废料是指报废的物料，经过长时间使用后滞留，失去原有功能而无可用价值。呆滞料的存在是料品价值陈腐化的损失，因此班组长应定时对物料区域或生产线遗留的呆滞物料进行处理，可以节约生产空间和资金积压，减少管理成本。通常呆滞料、废料的处理程序具体如下。

1. 全面了解产生呆滞物料的原因

班组长在处理呆滞物料前，应全面了解和分析呆滞物料产生的原因，才能对其进行预防控制并设定呆滞物料处理计划，参照企业呆滞物料处理流程进行操作。呆滞物料形成的原因如图 6-5 所示。

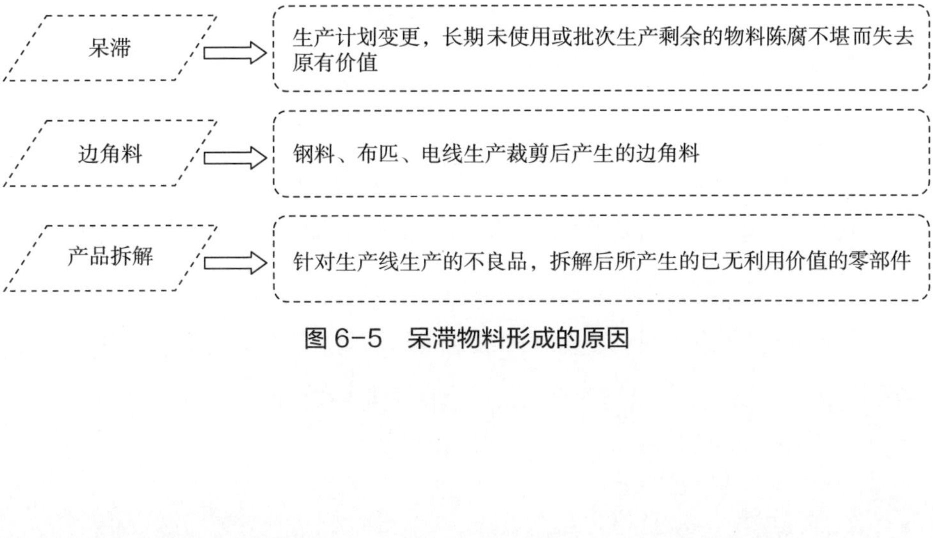

图 6-5　呆滞物料形成的原因

2. 呆滞料、废料的预防管理方法

车间现场所产生的不同呆滞料、废料并非一日形成的，大部分是缺乏现场物料规范管理方法和呆滞物料处理预防机制管控所造成的，因此班组长在处理生产现场呆滞物料时，应按照企业的物料管理制度或呆滞物料处理程序进行。要想减少呆滞物料，关键是预防管理。针对车间现场呆滞物料的预防措施通常包括以下几方面。

① 减少呆滞物料的闲置，尽量在其他订单设法利用，减少车间现场遗留或储存。

② 采购部与供应商洽谈时建立退换处理合作事项，一旦产生多余物料应及时退换处理。

③ 全面推行现场 5S 管理活动，改善生产作业场所和物料的防护、堆放等管理措施，减少物料的损耗情况。

④ 科学设计物料使用率和使用范围，加大物料利用。

⑤ 必须执行“先进先出”和收发管理制度，避免出现物料储存时间过长而产生的废料。

⑥ 全面推行设备管理系统，规范设备、工具的维护、保养、点检制度，减少因机器、工具异常产生的不良物料。

⑦ 建立并完善不明物料的处理制度，只要是不再生产使用的相关物料，立即按照程序处理，避免因长期储存产生呆滞物料。

3. 呆滞料、废料的处理程序

（1）隔离存放。

班组长在确定生产车间或生产现场遗留的呆滞料、废料后，及时将所有呆废料集中收集并组织员工将呆废料进行隔离放置并标识清楚。

（2）盘点登记入账。

班组长应组织物料人员对呆废料进行确认并分类登记，编制呆废料明细表并经品管人员签字确认，附带呆废料处理方案。

（3）呆废料账表审批。

班组长将呆废料账表及处理方案提交上级主管领导审批。

（4）呆废料处理。

班组长依据逐级审批的方案，根据呆废料的不同种类选择相应处理方案或处理意见，对呆废料进行处理。呆废料处理方式一般有两种。

① 班组安排拆卸，拆解后的废料或配件转交相关部门另作处理。

② 退仓报废处理。

五、物料退仓管理

1. 物料退仓要求

班组物料退仓通常分为生产剩余物料退仓和不合格物料退仓两种。在每批次生产结束后，应将剩余的合格物料和挑选出的不合格物料，按照企业相关退仓管理程序要求及时做退仓处理，物料退仓要求如图 6-6 所示。

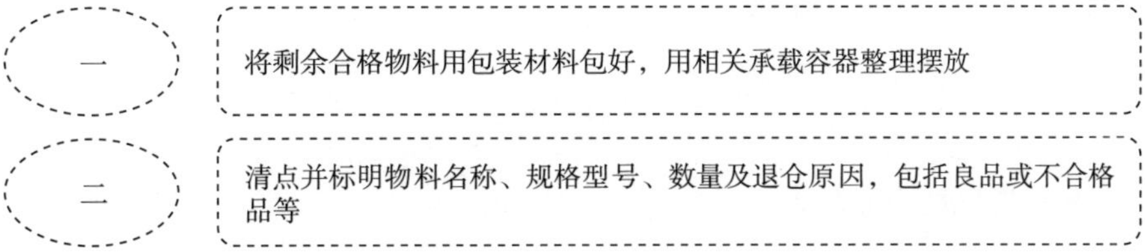

图 6-6　物料退仓要求

2. 物料退仓管理控制程序

班组长应按照企业物料退仓程序进行，如图 6-7 所示。

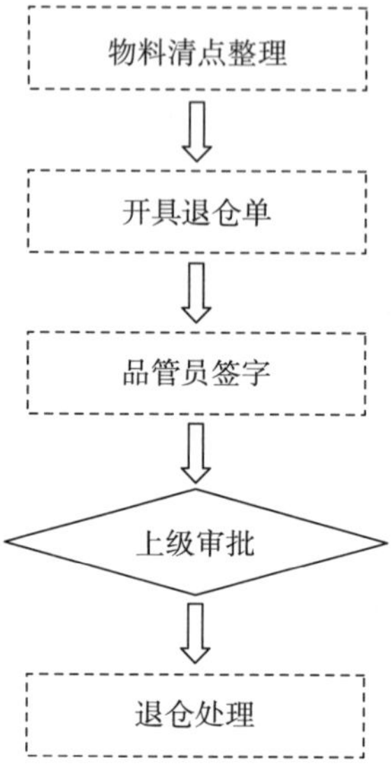

图 6-7 物料退仓程序

六、物料盘点

物料盘点的目的是弄清楚生产车间都有哪些物料、有多少物料，其中哪些是经常使用的、哪些是呆滞物料，以及该如何处理等。因此班组长应及时组织盘点生产物料，须做好以下几方面工作。

1. 物料盘点的方式

物料盘点是为了明确生产现场存在的各类物料，及时纠正物料账表的差距并及时核算生产成本，常见的物料盘点方法有循环盘点、定期盘点两种。

（1）循环盘点。

循环盘点是由生产线和物料人员每月自发制订盘点计划，每日盘点储存物料，自行调整、整顿。

（2）定期盘点。

定期盘点是指针对某一“近期需用物料”，以满足某客户或订单的某项需求为目的的盘点，如某客户订单欠缺一种物料，需要各班组对欠缺物料进行盘点，明确是否可以完成客户订单或须补充订料。

2. 制订盘点计划及实施

为了保证班组物料盘点数据的准确性，班组长应做好盘点准备工作和制订盘点计划。

（1）确定盘点人员。

一般应抽调熟悉产品物料、认真负责和数据观念强的盘点人员。

（2）盘点准备。

盘点需要准备物料盘点表、标识卡、笔和计算器等。

（3）制订盘点计划。

计划包括什么时候开始、如何分类、如何盘点、盘点的顺序、盘点时注意哪些事项、如何填写盘点表格、盘点异常如何处理等。

（4）过程监督。

班组长应随时对班组物料盘点工作进行监督和指导。

（5）总结盘点异常的处理或改善措施。

3. 盘点异常分析改善

在物料盘点过程中，若发现物料与账卡不符，班组长应积极组织寻找账物产生差异的原因，同时做好物料异常改善和预防控制工作，防止差异再次发生。

（1）盘点异常分析改善。

① 加强班组物料整理、整顿和清扫工作。

② 呆废料的及时处置。

③ 物料和账表的纠正。

④ 相关责任人员的奖惩。

（2）预防措施。

① 降低车间班组物料的储存量。

② 制定呆废料改善措施，减少呆废料。

③ 在保证生产正常的情况下合理领取物料。

④ 明确物料领取、储存、使用细化责任管理。

⑤ 实施精细化管理，严格控制物料领取、储存、使用等，明确责任分工，细化管理。

⑥ 及时处理改善。

⑦ 过程监督及绩效考评。

7
CHAPTER

第七章

班组长与质量保证

第一节
如何推动班组质量管理

> 车间班组是企业实现产品服务的基层生产组织，也是产品质量的重要控制环节。产品质量的好坏直接影响到企业的生存发展，因此强化质量管理是提升企业产品质量和增强市场竞争力的重要方法，更是班组长的重要管理职能之一。

车间班组是企业制造输出产品的直接生产部门，班组长则是品质管理的直接监控者，品质管理工作是否能够顺利开展直接影响企业产品质量，决定了企业的市场竞争能力和经济效益，更决定了企业的生存和经营发展，因此班组长抓好产品质量管理是凸显班组生产过程控制的重要环节。

一、影响班组产品质量的因素

生产企业是以批量性和连续性的生产活动决定经营发展的。任何车间班组只是生产管理和质量控制的其中一个环节，不可能独立完成产品的全部生产过程，而只是完成其中一部分质量管理目标或阶段性质量控制。而班组产品质量管理控制的结果对下道工序或整个产品质量的直接影响，更是关系到企业产品质量在市场中的稳定性。因此班组生产过程的波动性和不稳定性对产品质量有直接影响。

正常生产波动一般是指因生产物料差异、设备磨损、工艺变动、人为操作等因素引起的微小变化，这些波动都在一定的可控范围内，对产品质量影响不大。生产不稳定性一般是指违反操作规范、设备超负荷运转，物料质量、工艺变更幅度过大等造成的产品质量不稳定，严重影响产品质量。影响产品质量的主要原因有以下五点。

① 操作人员缺乏品质意识，责任心不强，由此产生人为性的质量异常。

② 设备缺乏维护保养及超负荷运转，导致产品的严重缺陷，由此产生的设备方面的质量异常。

③ 生产工艺不成熟、管理监督不到位、产品检验人员责任心不强产生的工艺方面的质量异常。

④ 前后工序协调差，生产不稳定，容易产生堆积和损坏。由于管理不到位产生质量异常。

⑤ 生产异常改善不及时、不到位，易产生产品质量波动，过程控制缺失产生质量异常。

二、班组品质管理的原则

品质管理需要多元化措施和车间班组全员参与，以共同实现品质管理目标。班组长根据企业品质管理方针和质量保障管理体系要求，应对生产活动的质量管理控制工作贯彻以下原则。

1. 全员参与品质管理原则

全员参与是营造班组品质管理文化的基础，产品的质量保障取决于过程管理的有效性，尤其取决于班组成员的品质意识、责任心。只有班组成员积极参与，充分发挥每个人的特长和优点，产品质量才会得到有效保障，最终实现车间班组既定的品质管理目标。

全员参与不仅是质量管理的口号，还是落实企业品质管理方针、程序控制、规范化管理的必要条件，积极营造全员参与品质管理的氛围可以达到事半功倍的效果。企业全员参与品质管理原则的关系如图7-1所示。

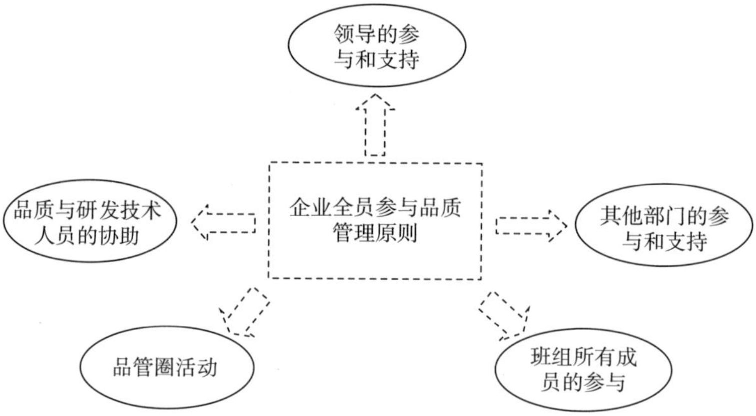

图 7-1 企业全员参与品质管理原则的关系

2. 班组品质培训原则

班组品质管理说到底是对人的管理。人的素养决定了产品质量管理的水平和深度。员工是全面质量管理之本，班组成员素养直接影响产品质量管理的深化。因此班组长在产品质量管理过程中，应本着“始于教育、终于教育”的原则，始终坚持把对车间班组员工的品质培训同生产作业技能、品质检验标准教育培训有机地结合起来，全面提高车间班组成员的整体素养，班组品质培训内容具体如下。

① 对班组所有成员进行品质意识教育培训。

② 规范制度化实施相关机器、设备、工具使用与操作培训。

③ 强化生产作业技能方面的教育培训。

④ 严格执行生产过程控制点的检验控制责任制度和品质检验教育培训。

⑤ 其他业务技能的教育培训。

3. 品质检验方法标准化原则

产品质量保障是通过系统性品质统计、检验和全员参与品质管理活动的方法来达成车间班组品质管理目标。正确的标准化品质检验方法是指导车间班组员工生产合格产品的依据，如果产品检验方法不确定或缺失标准化检验，则很难保证生产过程中产品质量得到监测控制，这会造成产品质量的不确定性。因此检验方法规范标准化是提高产品质量的重要保障。品质检验方法的内容如表 7–1 所示。

表 7–1　品质检验方法的内容

检验方法	具体描述
品质手法	品质管理层别法、检查表、鱼骨图分析法等，如分析、统计品质异常或查找原因及改善
物料检验	物料材质特点、性质、规格型号，颜色、厚度等，必须执行物料标准化检验来判定物料质量状态
功能检验	规范产品检验方法标准化，保障产品特性的功能检验，如烧水功能、调温功能等
外观检验	规范产品外观形态、颜色判定标准，如产品 A、B 面检验，色差、斑点、气纹等
产品试验	规范产品综合实验检测制度，如耐温、防水、跌落防护检验标准化
分析改善	规范产品异常分析方法，从中找出异常原因并改善预防等

三、防止不良品的要诀

不良品是指生产制造中不符合相关品质要求的原料、半成品、成品。品质出现异常证明问题已经发生并造成了质量或成本损失。因此班组长的工作重点是预防品质异常的发生，其关键在于过程控制及预防管理，杜绝不良品的产生。班组长就如何预防产生不良品应关注以下八要素。

1. 稳定的生产操作人员

车间班组员工的频繁流动往往可以反映出员工对企业认同的程度，尤其是生产班组员工的流动，而人员流失又直接影响到生产目标的达成和产品质量的保障。因此，企业管理者和班组长需要对班组员工表现出一种认可、支持和帮助的态度，让员工感觉到企业的感情和价值观。当员工在感觉到企业的感情后，情绪就会稳定，工作就更有积极性，有助于产品品质目标的达成和产品质量的保障。

2. 良好的教育训练

车间班组核心团队建设的关键在于班组人员操作技能和品质意识的培训。针对如何使班组员工积极配合班组长保质保量地按时完成生产工作任务，班组长应设计一套良好的教育培训计划。班组生产工作任务要求生产岗位实际操作专业化，而每一种工作岗位的操作技能都需要专业人员将知识理论转化为实用性的操作方法，尽快填补生产操作人员因工作经验欠缺及理念上的差异性所造成的不足。班组长针对员工的教育训练应做好以下几方面。

① 规范新进员工工作理念上的教育训练，让其了解班组运营和管理理念，帮助员工尽快融入班组团队。

② 规范班组员工相关产品质量目标和产品检验方法的教育训练，让员工深入了解企业品质管理方针、品质管理目标及班组产品质量控制目标，不断提升员工产品质量意识。

③ 规范车间班组员工安全操作和自我防护安全意识的教育训练，帮助员工熟悉安全操作和提升自我安全防护工作意识，杜绝安全事故的发生。

④ 规范机器、设备、工具仪器等使用方法的教育训练，让员工熟练掌握各种生产设备、工具仪器的规范操作方法，有助于提高员工工作效率和保障产品质量。

⑤ 规范产品检验和生产操作方法的教育训练，帮助员工尽快掌握产品质量检验方法和产品操作检验技能。

3. 建立标准化

实施标准化管理是一项管理制度或管理方法，是一种工作规则，也是生产作业的要求，目的是将企业管理模式和管理方法、技术、经验通过文件的形式加以储存和使用，不会因人员的流动造成制造工艺技术的流失，也不会因不同员工操作而出现太大的差异。因此建立作业标准化是对生产过程的规范化控制，是将管理知识、制造技术编写成规范格式的工作内容，然后按照标准化管理执行标准化文件。

4. 消除脏乱差现象（结合 5S）

在生产管理活动中，工作现场的脏乱差现象代表着效率低下、品质的波动和不稳定性，以及资源浪费。因此班组长应改善现场工作环境，如全面实施推行 5S 管理活动，会获得意想不到的改善效果。生产现场脏乱差的现象虽然不是影响产品质量的决定性因素，但改善后的良好工作环境说明推行 5S 管理活动与提升产品质量及消除安全隐患方面有着很大程度上的因果关系。

5. 控制点统计

控制点统计是指为了稳定产品质量，在生产过程中所设立的专职检验人员负责对生产的半成品、成品的检验结果进行记录的行为。它针对生产线的品质状况进行检验及统计，让合格品继续流向下一道工序，把不良品剔除。设置控制点检验和不良品统计为品质改善提供了重要的数据信息，对于保障产品质量稳定和异常改善是非常重要的关键因素。

6. 完善机器设备保养制度

生产设备是生产制造成品的必备条件，但机器设备有精确度和使用寿命的限制，一旦出现故障会对产品质量产生巨大的影响。机器设备如同人的身体一样，也需要做日常维护保养，这样才能保持较高的精密度和延长使用寿命。

7. 保障工作纪律

“没有规矩不成方圆。”车间班组是一个生产团队，完成班组工作目标需要严格执行班组工作纪律。班组长在分解班组工作任务指标、执行品质检验标准、落实岗位任务指标、保障安全生产等方面，都需要遵守严格的管理制度和工作纪律。

8. 完善岗位品质责任制

产品质量保障是建立在完善的质量管理体系和责任管理的基础上的，是从质量管理体系到实现产品输出合格产品的系统保障。在生产活动中，班组必须建立全员参与品质管理与责任担当机制，将质量责任和班组目标责任与绩效挂钩，严格执行奖优罚劣措施。这是增强车间班组员工产品质量意识和强化班组团队质量管理的基本要求。

第二节
生产过程品质控制

产品质量保证是企业的重要品质管理方针。因此，班组长必须强化全员参与质量管理和品质保证体系的有效运作，明确质量管理控制的关键过程，对生产过程各个环节进行有效控制。

一、品质控制“三不原则”

“三不原则”是指不接受不合格品、不制造不合格品、不流出不合格品，是许多企业的品质宣传口号和品质目标。“三不原则”的实施可以使车间班组全体员工树立起“生产出自己和客户都满意的产品”的信念，使生产过程的每一个环节处于受控状态，产生良性循环。班组长落实“三不原则”是对员工的制约和自我品质管理意识的提升。换句话说，产品的质量稳定是通过班组成员的工作技能和质量意识所达成的。

1. 不接受不合格品

不接受不合格品是指车间班组员工在生产加工之前，依据产品标准对上道工序或上游车间流转的半成品、成品进行检查并确保品质合格，一旦发现问题则有权拒绝接收并及时反馈给前道工序或上游车间；前道工序或上游车间接到反馈后应立即停止生产作业，进行分析和追溯原因并采取有效措施，及时纠正品质问题，从而避免不合格品的继续生产造成的浪费。

2. 不制造不合格品

不制造不合格品是指车间班组员工在接收前道工序或上游车间的合格品后，在生产加工作业时严格执行产品工艺标准和作业规范，以保障本班组的产品质量符合品质要求。在生产作业前，班组长应监督生产操作员工检查和确认生产制程的品质标准，随时监控生产过程的每一个环节或每一道工序，避免或尽早发现品质异常的发生，降低不合格品出现的概率。关键是提前做好品质教育和操作规范教育培训，切实做到“不制造不合格品”。

3. 不流出不合格品

不流出不合格品是指车间班组员工在完成本道生产作业工序后，严格执行检查产品质量是否符合品质要求，一旦发现不合格品必须立即停机，将生产不合格品截留在本道工序并完成对不合格品的处置、品质改善及预防控制，避免再次生产不合格品，以保证本道工序流出的都是符合产品质量要求的合格品。

二、检验管理控制

1. 首件检验

“首件检验”是指班组在每批次投入生产后产出的第一（个）件产品依照产品标准进行检验确认的总称。通过首件检验可以避免发生批次性的生产错误。如果首件检验合格，则证明了生产制程符合生产要求，可以批量投入生产；反之则说明生产制程存在品质隐患，需要改善。通常，首件检验的数量应根据生产活动的特性来确定，一般在 5 件以内（具体由产品类型而定）。

（1）确认首检产品。

首检通常的做法是要求班组每班次或每天投入生产后的前三件产品送品管部检查，从中确认一个合格品为首检品进行管理监控。如经首检发现不合格品或产品严重不良现象的，则说明生产制程不符合要求，不可批次量产。因此首检是对生产制程质量管理控制的确认与判定。

（2）首检作用与管制。

品管部人员首检确认合格后，首检产品由班组长负责接收管理，并将首检产品和首检表一同放置于生产线样板处，严格按照程序规定管理（包括签字、标签），直到本批次产品生产完成为止。班组长或生产岗位人员在生产制程中依照首检品样本进行比较，便于识别和判断产品质量。

2. 生产过程“三检制”

质量管理“三检制”是指车间班组操作员工自检、员工之间互检和专职检验人员对制程检验相结合的一种检验制度。“三检制”是全面落实全员参与品质管理的方针，有助于调动班组员工积极参与产品质量管理的自检意识和责任意识，充分体现车间班组成员的积极主导性作用。

（1）自检。

自检是指操作人员依据产品质量标准对自己生产加工的产品进行检查或做出是否合格的判定，是班组操作人员参与品质管理并保障产品质量的一种有效方法，可以预防不合格品流入下道工序或下游车间，及时发现异常不良信息并进行过程改善，切实做到生产过程品质控制和全员参与品质管理。自检内容包括自检、区分、记录三项，如图 7-2 所示。

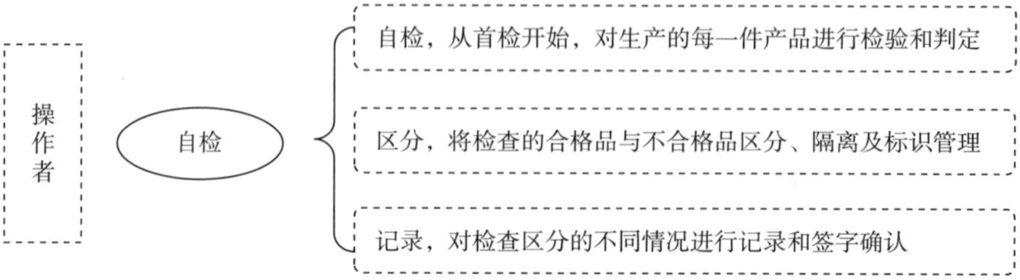

图 7-2 自检内容

（2）互检。

互检是指下道工序的操作人员在操作前运用目测或其他方法，对上道工序流转的产品进行检测并判断是否合格，合格则继续生产作业，不合格则停止操作并反馈处理。互检是员工之间的相互检验，更是对生产操作的自检和监督保证产品质量。互检内容包括以下三方面。

① 要求下道工序检验人员对上道工序流转过来的半成品或成品进行检验。

② 进行相互检验，要求在同一工序轮班时保证产品质量得到有效控制。

③ 互检要求班组检验员对生产过程完成的半成品或成品进行全检监督。

（3）专检。

专检是由生产线设置的控制点或品质 QC 人员所进行的产品检验行为。生产线控制点由班组长负责，QC 检验则属于品管部的检验行为，专检要求专业检验人员熟悉产品要求、工艺知识且检验工作经验丰富，保证产品质量检验的可靠性和准确性。专检是以专业检验控制为主导，包括全检和抽检两部分。

① 全检是指依据产品质量标准，对被检查的半成品或成品进行全部检查的方法，适用于数量不大、品质波动不稳定或品质要求必须全检的批次产品。

② 抽检是指依据产品质量标准，在同一批次产品中随机抽取一定的数量进行检验。抽检适用于数量大且品质较为稳定的批次产品。

三、标准化管理

标准化是指将生产要素的人员、机器、工艺、物料、环境等作业流程以某种形式确定下来并进行安全生产活动的规定，是当前生产作业的最佳管理方法。标准化包括制定标准、执行标准、完善标准的持续改善过程。因此为了减少误差或保证产品质量在生产过程中的稳定性，必须将生产过程及生产要素标准化，目的是在同等检验条件、相同方法的情形下，以确保检验方法的正确性和工作质量的有效性，减少过程中产品检测的误差。因此班组长应实施检验标准化。

1. 检验标准分类

班组检验标准一般可分为以下几类，如图 7-3 所示。

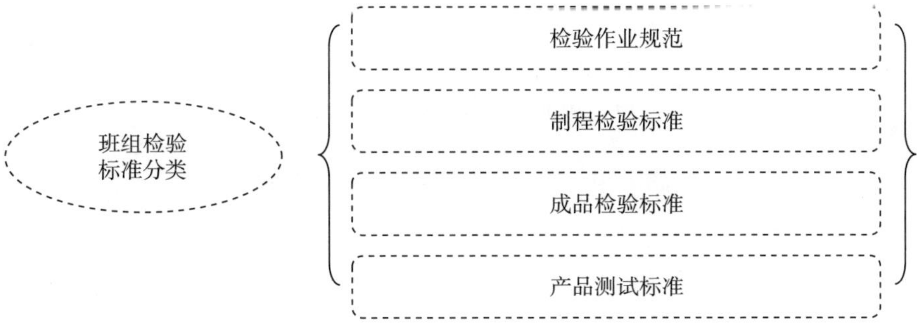

图 7-3　班组检验标准分类

2. 检验标准的内容

产品质量稳定离不开生产作业流程、作业方法、检验方法的规范标准化，特别是生产过程中的产品质量检验标准尤为重要。检验标准的内容包括以下五方面。

① 规范所有产品检验项目的方法。

② 规范所有质量检验作业标准。

③ 规范产品检验判定标准。

④ 制定检验判定后的处置标准。

⑤ 制定规范性的操作检验工作流程。

3. 制程标准化管理的内容

生产制程标准化管理控制是产品质量的保证，包括以下四方面，如图 7-4 所示。

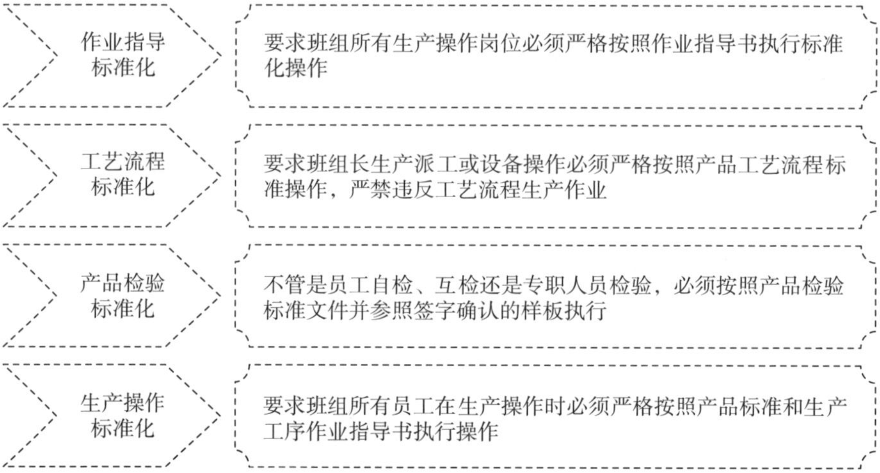

图 7-4 生产制程标准化管理的内容

4. 操作标准与实施

标准是指依据某种已经确定的固定工作程序来运作，并把这些程序清楚地写下来。操作标准化的关键是执行与效果维持，也称为标准管理循环，即制定标准化、执行标准、完善标准的过程，并对执行的标准不断完善更新，保障班组人员操作标准化执行的有效性，以实现班组预期的质量管理目标。班组长在执行标准化时应做好以下几方面。

① 操作标准是班组长用于班组员工的日常教育培训与工作指导的依据。

② 实施操作标准前，班组长应组织学习培训，让员工学习和了解操作或使用方法。

③ 操作标准或先由班组里有经验的员工来执行。

④ 车间班组长要经常查核标准执行情况。

⑤ 操作标准实施后，检查发现不妥或不当之处应及时反馈或调整并报上级审批修改。

四、现场 4M1E 管理

1. 什么是 4M1E

4M1E 是指生产要素中的人（Man）、机器（Machine）、材料（Material）、方法（Method）和环境（Environment）。在生产过程中，相同的操作人员用相同的材料，以相同的工序和标准工艺生产制造出来的产品，其质量特性并不一定相同，这种现象形成了产品质量的严重隐患或不稳定性。因此，生产要素（人、机、料、法、环）的波动性直接影响产品质量，如表 7-2 所示。

表 7-2 4M1E 生产要素

因素	具体说明
人（Man）	生产活动离不开任何人操作，包括物料员、操作工、质检人员、技术员人等
机器（Machine）	生产活动所使用的机器设备是产出符合客户需求产品的必要条件
材料（Material）	生产物料包括零配件、半成品、原材料、辅料等产品用料
方法（Method）	产品工艺、制造方法、作业方法等
环境（Environment）	生产作业现场的温度、湿度、噪音、照明、震动、室内净化和现场污染程度等

2. 4M1E 变更管理与分析改善

4M1E 变更是指在实际生产活动中，因人、机、料、法、环的波动及变化，产品质量会发生品质波动。因此通过强化 4M1E 的管理控制，将变更带来的影响控制在受控的范围内，就可以确保生产过程的产品质量处于受控状态。

（1）变更原因分析。

班组长在处理变更前应及时对 4M1E 变更原因进行综合分析，并采取针对性的有效措施及方法进行调整控制。4M1E 变更一般分为操作人员变更、机器设备变更、原材料变更、生产工艺变更四种情况，如图 7–5 所示。

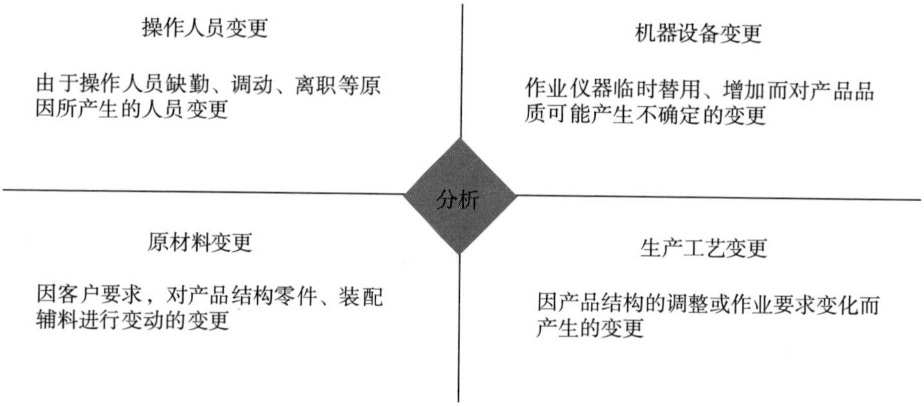

图 7–5　变更原因分析

（2）变更的协调措施。

针对生产过程中发生的变更，班组长应及时做好协调处理工作，保证生产作业计划的顺利进行；班组长必须严格按照变更处理控制程序进行变更协调处理。

班组长应将变更的相关内容及时填入变更申请单，交上级主管审核，上级主管领导签字批准后实施；相关部门收到变更申请单后按照相关要求实施变更事项。

1）操作人员变更协调处理方法。

由班组长或相关技术人员及时对操作人员进行相关教育培训，直到其熟练掌握操作技能，并且随时监督操作和保障产品质量符合要求。

2）机器设备变更协调处理方法。

在机器设备变更处置时，应按照“首检”制度执行，确认是否符合产品质量要求，如符合产品质量要求可继续生产或加工；如不符合产品质量要求，应立即检查和修正，在确保产品符合质量要求的情况下方可生产作业。

3）原材料变更协调处理方法。

原材料变更是相关部门对设计产品结构的调整，在原材料发生变更后，一旦出现因原材料异常，应及时知会相关部门到场分析、处理、制定改善对策，必要时由采购部门联系供应商协助解决。

4）生产工艺变更协调处理方法。

产品生产工艺发生变更，必须由产品研发部或工程部相关技术人员提供新的作业方法或措施，并且必须保证产品符合质量要求，对变更的产品生产工艺进行标准化管理控制。某公司 4M 变更申请单如表 7–3 所示。

表 7–3　某公司 4M 变更申请单

申请部门：　　　　　　　　　　　　　　　　日期：

变更类别		生产车间		产品名称	
零件名称		零件编号		申请变更时间	
变更内容	操作人员变更□			机器设备变更□	
	物料替补变更□			工艺变更□	
变更内容或事项：					
变更理由：					

续表

生产工序		变更内容或事项	
计划完成时间		备　注	
接到申请单立即变更处理 □			
后期变更 □			
审核意见	签名：		
审批意见	签名：		

各部门在接到变更申请单后，应及时填写内容并签名确认，班组长应协助品管部门对产品质量进行检验与确认，最后交相关部门存档。

五、过程巡检管理

过程巡检是指班组长定时或不定时对生产过程各个环节进行检查，发现异常问题及时解决处理，随时掌握生产过程中的产品质量信息。

1. 巡检内容

班组长巡检以抽查为主，关键是对影响产品质量的生产要素（人员、机器、物料、方法、环境）等进行全面检查。班组长巡检包括以下内容。

① 每当有新进员工增补的作业岗位时，应定时或不定时地巡检产品质量情况。

② 对机器设备、工具、仪器的使用情况的巡检，是否按时维护保养，由设备生产的产品是否符合产品质量要求而定。

③ 操作者是否按照工艺流程和作业规范操作，有无违章操作。

④ 产生的不合格品是否超出可控范围，是否有追溯标识。

⑤ 生产物料、辅料放置和生产过程的作业管理是否符合产品质量要求。

⑥ 生产因素变更时或切换产品机种时是否按照首检制度执行。

⑦ 对于已经解决的异常问题，产品质量是否稳定，生产运行是否正常。

2. 巡检基本要求及异常处理

① 班组长在巡检过程中应严格按照企业品质检验要求进行监督检查，并将巡检的相关情况填写在生产制程巡检报表上。

② 班组长对于巡检中发现的品质异常情况，应及时纠正或指导生产操作人员及时改善，若品质问题比较严重，要及时填写纠正和预防措施通知单并知会相关部门协助改善处理。

六、不良品判定与处理

不良品是指经品质部门判定后不符合客户需要的在制品、返修品、废品等。品质异常的产生是多方面原因造成的，产品不良会造成成本浪费、影响生产效率。班组长要严格控制生产制程不稳定因素并及时改善。

不良品判定是指品管部门检验人员依据产品质量标准或相关质量文件，对生产过程的半成品、成品等实施检验的过程，并作出该产品或批次产品不符合产品质量标准的决定。

1. 不良品的处理程序

不良品的产生是因为该产品质量特性与相关技术要求和图纸标准

规范相偏离，只要是品管部门判定的不良品一律不得流入下道工序或严禁入库。通常不良品处理包括以下两个方面。

（1）不良品处理要点。

① 检验确定不良品并予以隔离、标识单独存放。

② 填写检验报表，确定不良品范围、客户订单、生产批次。

③ 及时反映上报处理。

④ 不良品的检验要求：没有找出原因不放过、责任环节不明不放过、没有纠正改善不放过，称为“三不放过”。

（2）不良品处理程序。

通常不良品处理程序包括以下几方面。

① 一般偶然产生的不良品，可口头通知相关人员进行改善。

② 反复出现品质异常问题，应及时填写品质异常通知单并交付生产班组改善处理。

③ 特殊情况，如生产制程出现重大品质事故的（如批量安全性、功能性异常），则应及时填写不良品处理报告后交班组长或紧急上报处理。

2. 不良品处理方法

班组长在处理不良品时，必须严格按照不良品控制程序文件执行。不良品处理方法一般包括返修、返工、拣用、让步接受、报废等。班组长应在职责范围内做出处理决定。

（1）返修。

为使不良品满足预期用途所采取的处理措施（通过修复可以符合产品质量）。

（2）返工。

为使不良品符合要求所采取的措施（对该批次不良品重新检验或改善）。

（3）拣用。

在不良品范围内拣出符合要求的产品所采取的措施。

（4）让步接受。

对不良品评审、批准，客户认可放行不符合规定的产品。

（5）报废。

经批准不在使用的不良品。

第三节
如何开展 QC 小组活动

班组质量管理控制不是一个人或一个部门可以完成的，是需要车间班组全员参与的原则，如班组成员共同参与改善的过程等，是稳定班组产品质量的关键要素。

所谓的 QC 小组是指在车间班组所有员工自愿的原则下，工作性质相近的班组员工以小组的形式，通过定期召开产品质量会议实施改善的一种组织；是以提高产品质量、工作质量为目的，解决和改善现场存在的问题，运用质量管理的理论和方法开展活动的小组。

一、QC 小组的类型

（1）管理型 QC 小组。

管理型 QC 小组是以提高班组管理水平和工作质量为目的组建的质量管理小组，通常由车间班组核心成员组成。

（2）现场型 QC 小组。

现场型 QC 小组是以改善生产现场环境、提高生产效率、提升产品质量和降低制程损耗为目的组建的质量管理小组。

（3）品质公关型 QC 小组。

品质公关型 QC 小组是以改善生产过程中存在的重大异常品质问题或重大品质突发问题为目的组建的 QC 小组，一般由企业研发部、工程部、技术部、生产部、品质部、物控部、采购部等相关部门主管或技术性人员组成。公关型 QC 小组有以下特点。

① 活动周期较长。

② 改善主题难度相对较大，特别是突发或重大的品质异常问题。

③ 以跨部门或跨班组的形式，由管理人员或技术人员组成。

二、QC 小组活动程序

（1）组建 QC 小组。

组建 QC 小组通常是由发生的品质异常问题而确定的。一般是由车间班组员工自愿加入组成（重心是产品质量改善），或者是由部门班组甚至跨部门的相关人员组成（重心是以品质改进为目的）。总之，QC 小组根据不同的改善课题组建，小组成员结构一般为 6 人左右，全员合作、集思广益，按照一定的活动程序来解决生产现场、管理等方面所发生的问题或改善课题。它是一种比较活泼的品管形式，示例如图 7–4 所示。

表 7–4　QC 活动小组示例

姓名	文化程度	职务	职责分工	备注
叶 ××	高中	质检员	过程检验记录	全检
张 ××	大专	领班	组织协调	全面管理
钱 ××	高中	组长	前工段协调	阶段协调
章 ××	高中	工艺员	方案制定及实施	工艺管理

（2）备案审批管理。

① 班组长在完成 QC 小组组建后，及时将 QC 小组活动方案上报主管审批备案，或者纳入企业品质部协助小组。

② 备案是为了寻求上级主管领导的支持和帮助，便于在开展品质改善活动中得到各方面资源支持。

③ 让参与 QC 小组成员有受重视的体验，也是后备管理人员教育培训的基础。

（3）选择 QC 改善课题。

QC 小组改善课题的选择是以确定一个阶段性的改善指标为目的，也是 QC 小组活动深入开展的开始，一般是以日常品质异常、“先易后难”和具体性品质改善为原则，以实现改善价值为核心。

（4）选择 QC 小组组长。

QC 小组组长人选既要有团队组织能力、技术能力和事业心，又能熟悉掌握品质管理方法知识，且必须是班组核心人员。

（5）进行 PDCA 工作。

QC 小组改善活动以 PDCA 改善循环为主要方法。

（6）撰写 QC 小组改善成果。

QC 小组改善活动在完成确定的改善目标后，应及时总结，将改善过程记录整理并撰写成果，通过数据来说明改善效果。

（7）发表 QC 活动成果。

QC 小组通过改善达成预期的目标后，由上级主管安排在各生产车间实施推广；一般由 QC 小组推选一名核心成员在相应的管理会议上发表。

（8）持续改善。

QC 小组通过初步的品质活动改善后，可进一步实施深层次的品质改善活动，将持续不断改善、改进班组产品质量或工作质量等事项常规化。QC 小组活动流程如图 7-6 所示。

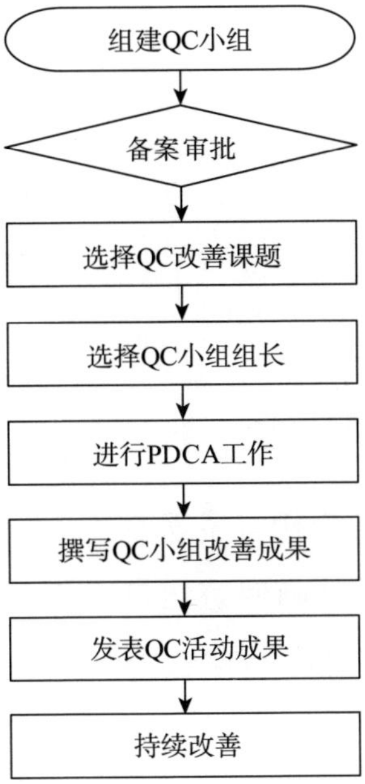

图 7-6　QC 小组活动流程

第四节 品质改善工具

在班组质量管理活动中，通过制程检验控制与品质改善工具的应用和有效措施，能够确保班组产品质量处于受控状态。因此，熟悉且掌握品质改善工具是班组长基本技能之一。

一、品质管理（旧）七大手法

品质管理 QC 七大手法是常用的统计管理方法，又称初级统计管理方法。它主要包括层别法、检查表、柏拉图、因果图、散布图、直方图、管制图，以收集大量的数据后整理成通俗易懂的简化数据，进行综合分析和处置、改善和控制从而得到品质改善的目的。

1. 层别法

层别法又叫分类法或分组法，是按照一定的管理类别，把搜集到的数据加以整理的一种方法。

① 从不同的角度发现品质异常问题，将杂乱无章的数据实时整理、分类，达到一目了然的目的。

② 解决整理数据的分类问题，通过数据分类为检查表提供依据。

③ 与其他方法结合使用，如因果图、直方图等。

2. 检查表

检查表又称调查表、核查表，用来进行数据事务收集整理，并在此基础上进行原因分析。

① 正确地把握和了解质量问题出现的次数，从而掌握产品缺陷的分布情况，找出生产过程中导致质量问题的重要原因。

② 整理历史数据应用，如不合格品项目调查表。

3. 柏拉图

柏拉图的使用要以层别法的项目类别或品质异常的特性为前提，经顺位调整过后的统计表才能绘制成柏拉图。

① 发生产品不良时进行排列比对分析，确定改善的项目。

② 针对性的环节数据分析，掌握关键性不良因素。

4. 因果图

所谓因果图，就是将造成某项结果的众多原因以系统的方式图解，即以图来表达特性与原因之间的关系。因其形状像鱼骨，又称鱼骨图。

① 确定关键性的品质异常问题分类定位。

② 确定关键性的品质异常的关键性原因。

③ 根据因果关系制定改善对策，找到产生问题的原因。

5. 散布图

散布图又叫相关图，是将两个可能相关的变量数据用点画在坐标图上，用来表示一组成对的数据之间是否有相关性。

① 分析两组数据，来判断两个变量之间的关系。

② 易于判断数据是否有异常趋势或是否有必要做层别分析。

6. 直方图

直方图又称柱状图，是表示数据变化情况的一种主要工具。用直方图可以将杂乱无章的资料解析出规则性，比较直观地看出产品质量特性的分布状态，对于资料中心值或分布状况一目了然，便于判断其总体质量分布情况。

① 通过数据信息传递，判断生产过程中产品质量的稳定性。

② 为测算工序能力提供相关数据。

7. 管制图

管制图一直是企业品质管理的一个重要工具，它是一种有控制界限的图，用来区分引起质量波动的原因是偶然的还是系统的，可以提供系统原因存在的信息，从而判断生产过程是否处于受控状态。

① 判明生产过程中生产工序的质量稳定性。

② 分析产品质量品质状态，及时发现和消除质量缺陷。

二、品质管理（新）七大手法

品质管理的七种新工具以图表形式归纳整理质量信息资料，帮助人们厘清思路，做好全面质量管理的计划，确实有较为突出的作用。

新七大手法是指关联图、KJ 法、系统图、矩阵图法、矩阵数据分析法、PDPC 法和网络图法。在质量管理改善方面应用为七种新品质管理工具，是以图形形式来归纳整理生产过程的质量信息进行分析和确定改善方向，从而达到品质管理的目的。

1. 关联图

关联图是清理复杂因素间的关系和相互纠缠的问题及其因素，用箭头连接起来的一种图示分析工具，便于找出主要因素和有效方法。

（1）适用范围。

① 复杂的因果纠缠分析。

② 生产现场问题的掌握。

③ 市场调查及抱怨分析。

④ 方针管理的开展。

（2）关联图实施步骤。

① 确定改善的图示，以标记形式写出主题；

② 由相关人员组织有关部门或班组形成小组；

③ 收集相关资料，并由小组成员一起运用脑力激荡寻找原因；

④ 使用通俗易懂的语言做卡片；

⑤ 连接因果关系制作关联图；

⑥ 修正图形，从中讨论存在的不足之处并修改箭头；

⑦ 找出重要专案、原因并区别标识；

⑧ 将综合情况撰写成报告；

⑨ 提出改善对策。

2. KJ 法

KJ 法也叫作亲和图法，是把相关收集到的事、意见或构思等资料按照其相互亲和性归纳整理，使问题更加明确化，便于统计后集中协调处理，从而找到明确问题、解决问题的目的。

（1）适用范围。

① 掌握各种问题的重点，确定改善对策。

② 市场调查和预测。

③ 企业方针、目标的判定及开展。

④ 产品研发和效率的提高。

⑤ 全面品质管理的推行。

（2）实施步骤。

① 确定课题；

② 收集相关语言文字资料；

③ 制作简单明了的卡片；

④ 整理、综合亲和卡片；

⑤ 撰写主卡片；

⑥ 口头发表；

⑦ 撰写报告。

3. 系统图

系统图是指将实现目标需要采取的方法和措施进行系统分析并绘制成图，以明确问题重点并寻求最佳的有效方法或措施。

（1）适用范围。

① 新产品研发过程中设计质量的控制。

② 制订产品质量保证计划和推动质量活动的开展。

③ 可与因果图结合使用。

④ 目标、方针实施事项的开展。

⑤ 明确部门职能、职责。

⑥ 与解决企业相关质量、成本、交期的问题一起开展。

（2）实施步骤。

① 确定目标或目的；

② 提出方法或措施；

③ 评价方法或措施；

④ 绘制措施卡片并制作系统图；

⑤ 评估目标实现可能性；

⑥ 制订实施计划（确定进度或相关责任部门或责任人）。

4. 矩阵图法

矩阵图法是指从问题事项中找出成对的因素群后分别排成行和列，找出行与列间的关系及相关程度的一种方法。

（1）适用范围。

① 明确各功能与各单位的关系。

② 明确质量与要求和原料特性间的关系。

③ 明确质量要求和过程条件之间的关系。

④ 明确过程不良与抱怨或过程条件间的关系。

（2）实施步骤。

① 确定事项；

② 选择因素群；

③ 选择矩阵图类型；

④ 根据事实或经验评价标识情况；

⑤ 根据资料统计寻找重点。

5. 矩阵数据分析法

当矩阵图上各元素间的关系若能用资料定量化表示时，就能更准确地整理和分析结果。这种可以用资料表示的矩阵图，业内叫作矩阵数据分析法。

（1）适用范围。

① 按计划研发的新产品。

② 复杂的质量评估。

③ 市场调查的资料中，要把顾客多要求的质量功能展开。

④ 从众多的资料中解析不良要因 。

⑤ 涉及复杂关键性的工程解析。

（2）实施步骤。

① 收集资料；

② 确定相关数据；

③ 以电脑辅助计算，得出有价值值及固有值；

④ 编制成矩阵图；

⑤ 决策处理。

6. PDPC（过程、决策、程序、图标）法

PDPC 法是指为了完成某个任务或达成某个目标，在制订行动计划或进行推行方案设计时，预测可能出现的障碍和结果，并制定相应的应急预案措施的一种方法。

（1）适用范围。

① 方针管理中实施方案的制订。

② 生产过程中对不良现象的预防及相应措施。

③ 重大事故预防措施。

④ 新产品、新技术的研发主题的计划决策。

（2）实施步骤。

① 确定计划、事件的起点与最终的目标；

② 画出达成目标的最佳理想步骤；

③ 假设实施步骤中可能会遭遇的不良现象或不好结果；

④ 提出解决对策或方案；

⑤ 将步骤逐项展开实施；

⑥ 在计划实施过程中，通过收集的数据信息不断循环改善，直到达成目标为止。

7. 网络图法

网络图法也叫箭条图法，是指透过小组讨论建立最佳的日程计划和有效管理，使计划目标能够顺利完成的一种手法。

（1）适用范围。

① 新产品开发计划和管理。

② 产品改良计划的制订和管理。

③ 产品试产阶段计划制订和管理。

④ 批量生产阶段计划制订和管理。

⑤ 工厂转移、迁移计划及管理。

⑥ 事务统筹计划管理。

（2）实施步骤。

① 确定主题；

② 确定生产作业计划和工作日常；

③ 按照先后顺序排列作业项目；

④ 考虑同步作业，排列相应位置顺序；

⑤ 链接各个生产作业点，标准化日程管理；

⑥ 计算作业量和日常管理；

⑦ 画出过程路线和管理。

作为班组长应具备品质意识、问题意识、危机意识、改善意识，组织好班组所有成员，寻求改善工作的方法，在品质管理上应用统计技术的方法和观念，动员全员参与品质管理，满足客户需求。

第五节
全面品质管理

> 产品质量是企业立足于市场的重要核心竞争力，高质量的产品和高品质的服务不是仅靠生产部门和质量管理部门就能够实现的，而是由企业各部门高度重视并全员参与，共同努力的结果。

TQM 是 Total Quality Management（全面质量管理）的简称，是由美国通用电气公司的费根堡姆提出的概念，他认为“全面质量管理是为了能够在最经济的水平考虑到充分满足客户要求的条件下进行生产和提供服务，把企业各部门在研制质量、维持质量和提高质量的活动中成为一体的一种有效体系”。

一、什么是 TQM

TQM 是指企业以质量管理为中心、以全员参与为基础，目的在于通过让顾客满意和本组织所有成员及社会受益而达到长期成功的管理途径，是要求企业各综合部门进行开发、持续、改进质量的系统过程，是更好地生产经营和服务的有效体系。

1. 全面性

全面质量管理有三个核心的特征：全员参加的质量管理、全过程的质量管理和全面的质量管理。它不仅仅是生产制造的过程，质量管理的有效性还是由质量成本来衡量和优化的。因此全面质量管理即要求全员，无论高层管理者还是普通办公职员或一线员工，都要参与质量改进活动。参与“改进工作质量管理的核心机制”，是全面质量管理的主要原则之一。

2. TQM 的“三全”

结合 ISO9001 的定义，TQM 是指企业以质量管理为中心、以全员参与为基础，目的在于通过企业系统化有效管理，以研发质量控制、过程质量管理为质量管理目标。由此得出，质量管理概括了产品设计体系、生产制造、服务系统等全过程。

影响质量的主要因素包括人员、机器、物料、工艺方法、环境等，这些简称为生产要素。因此产品质量保证必须从质量管理源头，即产品设计、生产过程管理和使用的过程抓起，要把所有影响质量的环节和因素系统地管理控制，形成全面质量体系控制。全面质量管理不仅是全面的质量概念，还是要求全员参与生产全过程的质量管理。

二、TQM 全面质量管理特点

TQM 全面质量管理不但要求质量管理部门进行质量管控，并且强调自企业高层决策者到企业生产一线员工全员参与质量管理活动中，其中概括了企业营销、产品研发、生产制造、质量检测、售后服务等所有参与质量管理的部门。因此 TQM 的基本特点就是全员参与、全过程监控，一切活动都是围绕质量管理来进行的。

① 全员参与是指企业所有部门及人员，包括企业高层决策者、办

公室职员及生产一线基层员工，所有工作都是围绕质量改进为工作目标，把企业提高质量活动中的全员参与质量管理构建成一体化质量管理体系。

② 全面性质量管理是指质量检验控制和生产过程控制，包括市场服务的过程。

③ 全面方法应用是指质量设计、检验测试、过程控制、统计质量控制等方法。

④ 全面质量控制要求对整个生产过程中涉及影响质量的人员、机器、物料、制造工艺、检验措施、测试监控等过程进行全面控制。

三、TQM 的方法

1. TQM 全面过程管理

全面质量管理必须在市场调研、产品研发、原料采购、生产制造、检验控制、储运运输、市场销售、服务安装、使用和维修等各个环节把好质量关。其中产品的设计过程是全面质量管理的起点，原料采购、生产、检验是实现产品质量的重要过程。因此班组长在生产过程中进行质量管理时，应结合 TQM 全面过程管理核心思想，对生产过程的全面性检验监督进行有效控制。

（1）全面设计管理。

产品的设计过程是全面质量管理的起点，是指在生产过程前的产品工艺输入准备。产品设计概括了市场研究、产品构思、设计过程、新产品试产和产品测试等全面设计的过程。

（2）全面过程管理。

全面过程质量管理是指从生产准备输入到产品实现输出的全过程。在输出产品的主要过程中，采取有效质量管理方法稳定产品质量是全面质量管理的核心思想。

1）规范管理，严格过程检验控制。

班组长必须对生产过程的产品质量进行检验监督，严格按照产品质量标准操作，应用品质管理方法等措施，规范生产过程质量自检控制、工序之间互检控制、产品专职检验控制，保证产品质量得到有效控制，贯彻落实全员参与质量管理的工作方针。

2）组织质量统计与分析，了解质量动态。

全面质量统计分析是指班组长对生产过程中所产生的不合格品、报废品或品质异常现象进行分析的行为过程。产品分析是为了发现产生不合格品的原因，找出有效控制的方法和措施，了解生产质量动态，便于及时掌握并实施改善。

2. 班组全面质量管理关键要素

TQM 的基本原理适用于任何制造过程，只是方法的使用上略有不同，但基本原理是相同的。方法上的差别可概括为：在班组批量生产过程中，质量管理的重点在产品，在单件小批量生产中，重点是控制工序。班组长应做好以下几个关键点。

① 严格执行产品制造工艺标准，在完成每一个订单批次的第一个工件产品后，必须由品质部检验人员进行产品首检，经检验合格后才能批量生产，班组长做好过程监督控制。首检前必须先由生产人员进行产品质量自检，符合产品质量标准后再由品质部检验。品质部检验是在生产班组自检合格之后进行的品质检验活动。

② 班组长对生产线产品质量的巡检控制是由班组长定时或不定时对生产过程或重点工序的巡查，以检查是否按照产品生产工艺规范执行，发现问题及时纠正，保证产品质量的稳定性。

③ 品质部检验员的质量监督控制是由品质部检验人员依据质检巡查制度对生产过程的质量检验监督活动，旨在对生产过程的质量动态进行记录并实时监控，发现问题后及时与班组长反馈、沟通、处理，

从而保证产品质量符合客户要求。

④ 异常处理措施是指车间班组长或品质部质检人员对生产过程发生的问题进行及时记录和反馈，并由相关部门牵头进行综合分析及查找异常原因，然后制定改善对策及实施跟踪，维持改善效果并形成标准，防止此类质量问题的再次发生。

3. 班组操作人员与质检人员的基本要求

（1）生产人员质量管理基本要求。

很大程度上，品质问题是由于人的不稳定因素所产生的，班组长必须对生产操作岗位人员进行系统化质量意识教育培训和岗位技能作业培训，减少岗位生产作业的波动性，从而稳定班组产品质量。

① 强化班组操作人员的品质意识教育培训，规范岗位操作标准，稳定产品质量。

② 车间班组所有操作人员必须熟悉产品工艺操作并严格执行产品质量检验标准，稳定产品质量。

③ 车间班组人员必须完成对本岗位的产品质量自检控制程序，在符合产品质量标准后，方可进入下一道工序。

（2）质检人员与全面质量管理的基本要求。

① 熟悉掌握品质部质检作业程序和检验方法及措施，保证对生产过程巡检的可控性。

② 根据生产工艺流程要求，设立重点质量管理点或关键工序的控制点，随机对生产重点工序巡查，掌握质量动态。

③ 在巡检过程中发现不良异常情况后应及时请操作人员纠正或向班组长反馈信息予以处理。

④ 根据质检工作巡查的质量状态做好报表记录，做成巡查检验工作记录表，每周通过质量报表的形式公布和改善追踪。

8
CHAPTER
第八章
班组团队管理

第一节
班组团队管理基本要求

班组团队是由若干人组成的为了实现班组目标产生的相互依赖的组织。企业的每一个班组都是一个团队，因此作为班组长应懂得如何做好班组团队的建设管理。

班组团队是指是由员工和管理层组成的一个共同体，是按照一定规则结合在一起的组织。优秀的班组长必须做好团队管理的基础工作。

一、班组定岗定编管理

1. 班组岗位定编管理

在制造企业管理活动中，车间班组生产组织结构岗位编制与配置是根据生产工艺流程或产品制造需求所设定的，与企业生产模式和产品工艺要求有直接关系。例如一个五金机械制造企业班组配置为 8 ~ 10 人，密集生产型企业车间班组人员配置为 30 ~ 50 人，玩具行业企业班组配置至少在 30 人以上，这和企业规模有很大关系。

在确定车间班组人员后，也可根据生产任务或制造工艺重新分配，一般是一个岗位配置一位操作员，某些特定产品要求或生产任务紧急需要临时增加人员，通常根据车间班组的生产任务调整，例如一个设备组装车间常规配置 8 ～ 10 人，目的是避免出现生产需求的不确定性。

2. 班组结构职能定编管理

一般车间班组的管理结构职能是生产计划、物料管理、质量管理、考勤管理、设备管理、工具管理等，班组根据工作量大小确定班组人员定编。不同的班组岗位对技能要求各不相同，如机械制造班组定编人员较少，电器或玩具班组定编人员相对较多，班组长应根据实际情况切实把握班组人员定编，合理安排班组长、副组长、质检员、物料员、员工等（也可根据实际情况兼职）。

二、班组人员定岗管理

1. 班组员工定岗的原则

班组人员定岗是指班组长依据生产工艺要求来配置岗位人员，一般根据岗位需求技能或其他要求来进行定岗管理，包括质量要求、劳动强度、设备操作、过程检验、重要程度、作业难度等。另外，员工的身体状况、工作技能、工作态度等也是确定岗位人员的重要依据。班组定岗原则如图 8-1 所示。

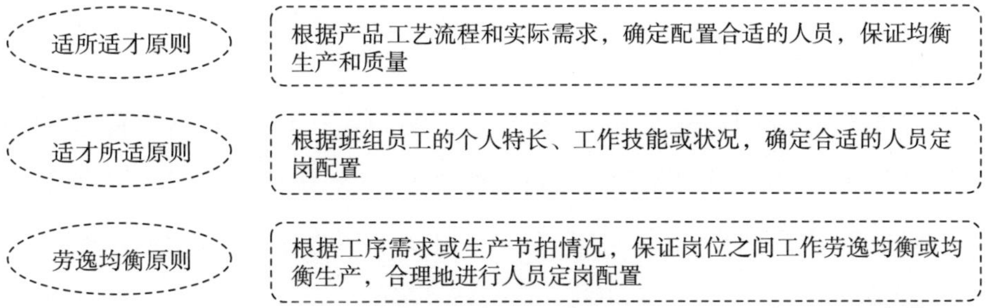

图 8-1　班组定岗原则

2. 班组员工定岗管理的好处

① 班组岗位人员在设定的工作时间范围内固定于某个生产岗位，并且能够尽快熟悉掌握生产作业技能和方法。

② 生产岗位人员在确定定岗后，有利于保证管理的可追溯性，便于监督生产岗位，做到业绩管理控制、出现问题便于追责。

③ 生产定岗人员定岗管理有利于稳定产品质量和提升员工作业技能，确保工作效率、质量稳定及安全保障。

④ 生产岗位人员的定岗管理有助于工作安排和人员协调管理。

三、班组员工出勤管理

员工出勤管理是指班组员工到岗上班工作时间的记录行为。出勤关系到员工的切身利益、生产安排及生产进度，包括班组生产计划是否得到正常执行等。班组长对员工出勤管理应做好以下四方面。

1. 时间管理

时间管理是指班组成员是否按照班组工作时间上下班出勤，或者是否按照要求加班等情况，关键是对员工是否到岗工作的情况进行管理，主要表现为缺勤异常管理。一般来说，员工出勤管理有迟到、早退、请假、旷工、离职等几种情形。

（1）迟到、早退。

班组长应及时向迟到或早退员工了解原因，同时严格执行公司考勤管理制度。除生病或意外等特殊情况外，一般应对当事人给予必要的个别教育或公开教育，对于经常性迟到、早退屡教不改人员给予调岗或停职处理。

（2）请假。

请假人员必须按照请假管理制度提前书面请假，经班组长或上级主管批准后方可休假。除发生特殊情况须有人代理请假或口头请假外，班组长应了解请假人的事由，必要时做好思想工作，既保障了企业考勤管理制度的严肃性，又体现企业人性化管理的一面。

（3）旷工。

班组长应向熟悉当事人的同事或工友了解旷工的缘由。首先，要确认员工旷工行为是否属于特殊意外情况而未能及时请假，或者属于恶意旷工的行为，如属于前者，应给予安慰及关心；如属于后者，班组长必须严格执行企业考勤管理制度并给予旷工处理，必要时严肃处理也是一种管理手段。

（4）离职。

应及时向熟悉离职员工的同事或工友了解缘由，尽量了解清楚员工离职的原因。无论是个人原因还是公司原因，都应给予挽留或做好思想工作，即便是员工选择了离职，班组长也要有善意的态度，如果涉及企业政策或管理制度时，应及时向企业或上级主管提出相关建议或意见。

2. 班组员工士气管理

士气管理就是管理者以班组员工士气培训、激发、调查、评估、诊断等工作为依托，充分尊重组织员工的个性需求，综合采取多种管理手段和方法，创造出良好的团队工作士气并实现班组目标。班组长可通过工作观察了解员工表现和积极性来确认出勤精神状态、情绪、体能等，必要时可以进行沟通、交流、关心及开导。有员工状态表现不佳时，个人工作质量与工作安全也无法得到保障。因此，班组长要善于细心观察班组团队成员的工作士气，同时做好班组成员的关爱文化和团队建设，关注员工出勤到岗和工作情绪状态管理，确保班组团队工作计划的顺利开展。

3. 出勤调配管理

一旦发现班组员工有缺勤或离职、辞职等异常情况，班组长应立即向上级主管或人力资源部门如实反映，并及时进行缺席人员调配或向人力资源部门申请人员补充申请，保证班组生产工作顺利开展。同时，对于新进人员或借用人员进行生产工作指导和安全、品质要求教育培训，保证生产进度和产品质量不受影响，具体包括以下几项。

① 对新进或借调人员的生产工艺、作业流程、工作事项等方面的工作指导。

② 对新进或借调人员的操作要求、品质保证、异常处理等方面进行指导。

③ 对新进或借调人员的工作时间、安全制度、工作纪律或班组相关要求等方面进行工作培训。

4. 班组轮岗管理

轮岗制是为了调动班组成员工作的积极性，做好工作技能训练，以及培训“多能工”。通常班组长应按照培训计划进行岗位轮换，根据生产情况科学调配岗位人员，在不影响工作的情况下有组织地进行轮岗管理，尽量选择有责任心、敢于负责、善于学习的班组核心人员。在轮岗人员定位后，要做好相关责任、安全规范、质量检验等系列教育培训，有助于轮岗人员工作技能提升，保证产品质量和生产进度。

第二节
班组教育培训管理

班组团队由不同的成员组成，每个人都有自己的主观想法，因此班组长应做好团队教育培训管理，让班组成员从思想和行动上融入班组文化。

班组教育培训是为了强化班组团队建设，班组团队管理的关键是核心成员的教育培训，教育培训有助于保证班组生产进度和产品质量的稳定，具有非常重要的意义。

通常班组员工教育培训分别针对新员工、“多能工”、核心骨干三方面，具体内容如图 8-2 所示。

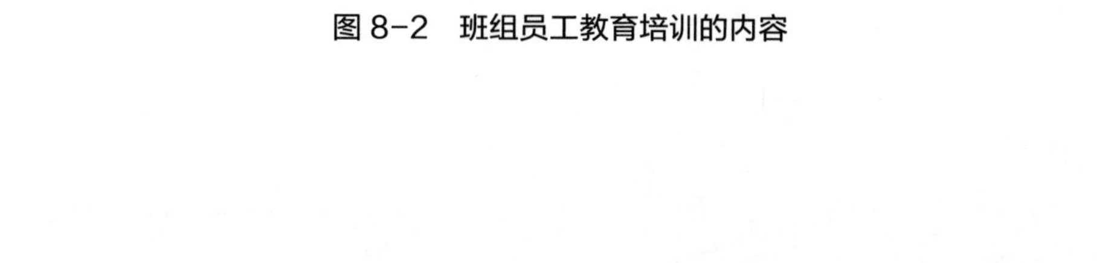

图 8-2　班组员工教育培训的内容

一、班组新员工培训管理

1. 新员工的教育培训方法

新员工是指企业从外部新招聘的入职人员。通常在新员工入职后，班组长应对新员工进行各方面的教育培训，包括基本操作技能和作业规范等，确保新员工在培训后能够胜任本职工作。

班组长对新员工的教育培训方法一般分为三项，具体如图 8-3 所示。

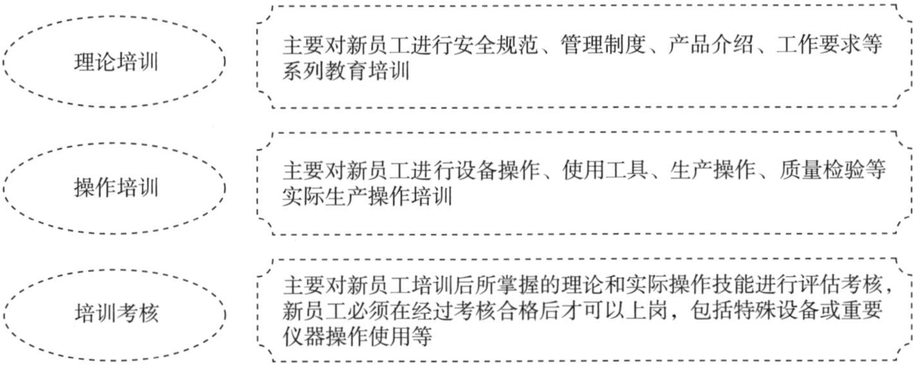

图 8-3　新员工教育培训方法

班组长对新员工进行理论和工作实践教育培训后，后者才可以上岗生产操作，教育培训有助于新员工快速融入班组成为合格的生产员工，更是工作安全、工作效率、产品质量的基本保证。

2. 新员工教育培训措施

新员工教育培训有助于掌握操作技能和安全保障，班组长对新员工的教育培训措施有以下五方面。

① 指定班组核心人员对新员工一对一的针对性操作技能教育培训。

② 制订班组教育培训计划，对新员工进行安全规范和岗位技能操作教育培训。

③ 发现优秀人员进行“多能工”技术教育培训，储备班组核心技术人才。

④ 关注新员工的状态，定时或不定时与之交流和沟通，做好思想工作指导。

⑤ 遵循教育培训与考核相结合的原则，帮助员工稳定与成长。

二、班组“多能工”培训管理

“多能工”是指具有操作多种机器设备能力的作业人员，或在生产线上能熟练操作两种或两种以上设备的人员。“多能工”是企业培训核心岗位、培养管理人才的重要方法，有助于进行对生产变更或人员出勤异常情况的应急管理。因此班组长注重“多能工”培训管理是班组人才储备、保证生产效率和品质的重要措施。

1. 班组“多能工”培训管理实施步骤

“多能工”培训是以班组为单位的管理运作方式，通常分为确定人选、制订培训计划、培训实施、选拔人才、固化管理五个步骤。

① 甄选符合“多能工”或管理基础优秀人员为培训目标人选。

② 设定“多能工”培训计划，制定“多能工”必须掌握的知识、技能、管理等系统性培训规划。

③ 培训实施，根据设定的“多能工”培训计划按步骤实施，通过不断学习掌握不同的管理知识及岗位技能。

④ “多能工”通过系统培训及考核合格后，确定为班组核心成员或班组干部的选拔后备人才。

⑤ 规范生产“多能工”培训、使用，形成制度化的管理方法。

2. 班组“多能工”培训方法

班组长应做好“多能工”培训计划，结合车间班组生产结构和工作方法、技能等要求，协调规划“多能工”的培训学习内容，保障其系统性地学习和掌握各项工作技能，做好班组“多能工”的人才储备。车间班组“多能工”培训方法一般包括四方面。

（1）定期调岗管理。

以培训计划为原则，定期从事不同岗位和不同工作内容，进行岗位技能学习。

（2）工作交替管理。

掌握不同的作业技能，有计划性地作业交替学习。

（3）储干培训管理。

选拔知识全面、熟悉掌握多项操作技能的“多能工”，协助班组长开展工作，以班组后备人才梯队建设为目的。

（4）脱岗培训管理。

班组或企业外派到外部专业培训机构接受相关技能培训，以帮助员工掌握不同方面的工作技能为目的。

三、班组核心骨干培训管理

核心骨干是指掌握班组重要精密专业机器设备操作技能的人员，也是满足班组生产需求和管理后备人才梯队建设的培训对象。因此，班组长对核心骨干的教育培训是强化班组生产力的重要管理方法。

1. 核心骨干培训的要求

① 必须具备一定职业素养且技术基础较好的人员。

② 重点是核心岗位或重要机器设备的“多能工”岗位专业培训，以提高岗位工作技能为原则。

③ 制订培训计划或培训流程后进行标准化培训管理。

④ 对于重点核心骨干培训，可以通过老员工带新员工的方式进行关键岗位技术学习。

2. 核心骨干的培训方式

班组核心骨干的培训方式一般包括岗位学习、培训班学习、技能竞赛、技能交流四种。

（1）岗位学习。

岗位学习是以安排特定的专业性生产设备和岗位操作培训学习，一般是以老员工教导培训和专业技术人员培训相结合的方式，涉及SMT 贴片机、测试仪器、化验测试操作等岗位。

（2）培训班学习。

培训班学习是由企业或班组组织培训班，培训老师由其他部门专业人员担任或外聘专业技术人员为主的培训学习方式。

（3）技能竞赛。

技能竞赛是由企业或班组组织的岗位技能比赛活动，通过岗位技能竞赛的形式促使核心骨干刻苦学习本岗位技术，从而强化专业岗位操作技能，更加专业化。

（4）技能交流。

技能交流是由企业组织与外部相关教育院校、职业培训和行业典范的交流，完善企业班组内部思想观念及技术改进和提升，如安全管理学习、质量管理学习、生产管理学习、质量体系管理学习等。

第三节 班组沟通管理

一个班组就是一个团队，一名优秀的管理者怎样才能管理好一个团队呢？通过学习本节定会有收获，包括生产派工时的工作沟通、班组矛盾处理、沟通管理等内容。

一、班组沟通方式

班组团队内部有效的交流沟通是班组管理工作的关键，对班组长而言，培养良好的管理沟通意识，养成在任何环境下都能有意识地运用管理沟通的理论和技巧进行有效沟通的习惯，在班组管理中就会达到事半功倍的效果。班组长与团队成员沟通一般分为正式沟通、非正式沟通两种形式。

1. 正式沟通

正式沟通是事先计划和安排好的，如定期的书面报告、面谈等小组或团队会等。正式沟通分为向上沟通、向下沟通和横向沟通三种。

（1）向上沟通。

班组长与上级主管的工作沟通主要是作为下属依照规定向上级提出正式的书面或口头报告。除此以外，许多机构还采取某些措施以鼓励向上沟通，例如意见箱、建议制度、由组织举办的征求意见座谈会或态度调查等。为了保障与上级主管工作沟通的畅通和有效性，班组长一般应掌握一些沟通的方法和技巧，具体有以下五个方面。

1）确定沟通主题。

班组长在与上级主管沟通前，应事先准备好沟通的事项，避免在沟通时出现沟通目标不明确、缺乏沟通主题，无法达到沟通的效果。

2）确定沟通时间、场合。

班组长在与上级主管沟通前，要确定沟通的时间和沟通的场合，如约定下午什么时间在会议室沟通计划安排，或者在办公室沟通等。

3）保持良好精神状态。

班组长在与上级主管沟通前，应以良好的精神面貌和仪容向上级展示积极或最佳工作状态。

4）沟通角色互换。

班组长在与上级主管沟通之前，应考虑在所要沟通的事项上与上司的立场是否一致，尽量取得上级主管的信任，有助于达到沟通的目的。

5）选定沟通方法。

班组长在沟通前应了解上司的工作风格和沟通方式，面对不同的领导和上级要采取不同的沟通方式，从而达到沟通的预期目标。

（2）向下沟通。

班组长与下级的沟通是班组内部最主要的沟通方式，一般以工作安排的方式传达上级部门或其上级所决定的政策、计划、规定之类的信息。班组由不同的成员组成，成员性格和喜好各不相同，班组长与下级沟通技巧包括以下几方面。

1）营造良好的沟通氛围。

班组长与班组成员的沟通是相互之间的信息传达，如何让班组成员易于理解和执行？班组长在与成员沟通时，积极去营造一种融洽的气氛以保持团队和谐，良好的环境氛围有助于沟通对象更好地接收信息。营造沟通氛围要点如图 8-4 所示。

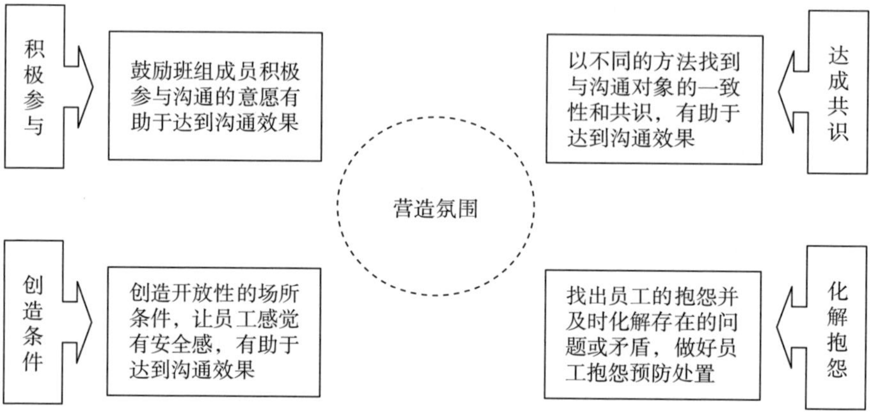

图 8-4 营造沟通氛围要点

2）倾听的重要性。

倾听是接收口头和非语言信息，并确定其含义和对此作出反应的过程。班组长在同下属沟通过程中，要善于运用好倾听的艺术，以达到沟通的效果和目的。倾听是达到沟通目的的重要方法，具体包括以下几方面。

① 倾听可获得重要的信息，很多重要信息是通过倾听而获取的。

② 倾听可以掩盖自身的弱点，静默可以掩饰存在的缺点。

③ 善于倾听才能善于言表，在倾听中获取信息。

④ 倾听能够激发沟通对象的谈话。

⑤ 倾听能够发现说服对象的关键，在倾听过程中找出其不足之处。

⑥ 倾听可以获得友谊和信任。

3）倾听的艺术技巧。

班组长在与下属沟通过程中，有效的倾听技巧能够让员工感到被重视和尊重，有助于双方达成对工作目标的一致性，因此班组长要掌握一些倾听的艺术技巧，如表 8-1 所示。

表 8-1 倾听的艺术技巧

倾听的艺术技巧	具体说明
用心倾听	倾听并不只是用耳朵去接收信息，必须用心去理解，作出应有的反应
努力认同	建立认同心理，设法寻找谈话双方的共同语言，以求得心理上的接近或认同
求同存异	在有分歧的情况下，寻求取得双方共识或一致性，再转入需要沟通的话题
设身处地	先避开敏感话题，设身处地为对方设想，层层分析，让对方感觉在为他着想
提问引导	以提问的方式引导表述，以获取更多的有关信息，从而了解下级真实意图和想法
重复言表	通过重复下级的话来确定是否真正了解他表达的意思，让对方感受到被尊重

（3）横向沟通。

横向沟通是指在企业组织中，不同车间班组长中具有相对等同职权地位的人之间的沟通，是以企业实现团队精神或实现沟通的工作目标为目的。

班组长在企业同等职权情况下，应体现出互相合作以实现企业共同目标或管理者的职业素养，不管是在业务交叉重合还是在生产活动中，班组长应与不同班组同级促进实现求同存异的沟通目标，保持双方管理工作的互助性和工作目标的一致性。

2. 非正式沟通

非正式沟通是一种通过企业制定的管理制度和正式组织程序以外的其他各种渠道进行的沟通。班组长非正式沟通是未经计划的，其沟通途径是通过企业或班组长内部的各种人际关系，其形式如非正式的会议、闲聊、走动式交谈、吃饭时进行的交谈等。非正式沟通的好处是形式多样、灵活，不需要刻意准备的；沟通及时，问题发生后马上就可以进行简短的交谈，从而使问题很快得到解决；容易拉近班组长与员工之间的距离。

（1）非正式沟通的方法。

班组长在利用非正式沟通时，应采取不同的方法及技巧，从而达到沟通的目的，具体如图 8-5 所示。

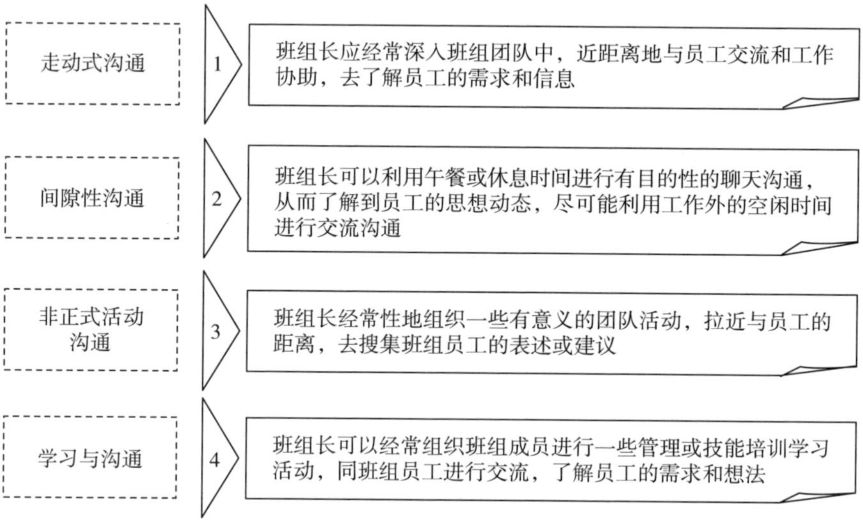

图 8-5 非正式沟通的方法

（2）非正式沟通的技巧。

班组长如果能够对团队非正式沟通的渠道加以合理利用和引导，可获得许多无法从正式渠道取得的信息。班组长在与班组成员非正式沟通时可采取以下沟通技巧，如表 8-2 所示。

表 8-2 非正式沟通技巧

非正式沟通技巧	具体说明
询问式沟通	班组长最好能够采取主动性的询问方式切入沟通主题，这样既可以了解到班组员工内心的思想动态，又可以保持沟通的主动性
同等式沟通	班组长应与团队成员站在同等的立场下进行沟通，以取得员工的信任，避免让员工感到有对立的感觉

续表

非正式沟通技巧	具体说明
目标性沟通	班组长与下属谈话时，应让交流沟通保持在双方达成的目标共识的基础上，让员工觉察到你是一个非常有目标性的班组长
快乐式沟通	开心的状态容易激发沟通对象畅所欲言，打开员工的心扉，去了解他们的思想动态

二、班组长沟通的方法

班组长作为车间班组的一线直接领导，是企业与员工之间承上启下的沟通桥梁，班组长若能运用不同的沟通方法来激励班组员工，就能进一步赢得他们的信任。

1. 班组长如何表扬员工

表扬是班组长对团队成员的一种激励方法，是对员工业绩的认可，目的是通过表扬优秀员工激发团队的积极性，尤其是业绩末尾的员工转变会起到事半功倍的效果。班组长在表扬员工时要掌握以下几方面。

（1）把握表扬时机。

在生产活动中，员工或团队实现班组生产指标、质量目标、安全指标或符合班组优秀员工条件时，班组长应予以表扬，如提前完成个人工作产值指标且符合产品质量标准时应及时给予表扬。

（2）及时表扬的原则。

当班组员工表现优越或做出巨大贡献时，应及时对员工的业绩和努力给予表扬，促进被表扬的员工再接再厉实现更高的工作目标，这对班组其他员工也是一种鼓舞。如没有及时表扬，员工会失去热情。如质检员发现产品质量隐患后及时纠正，避免了批量性产品质量事故时，应及时表扬。

（3）表扬员工的艺术。

班组长对员工的表扬是对员工本人的一种鞭策和鼓励，该如何表扬还要看具体情况，以何种方式加以表扬才恰当？具体有以下四个方面，如图 8-6 所示。

表扬具体性	班组长应说明表扬的具体某一点，让员工感觉到班组长对他的关注
表扬要真诚	让员工感觉到班组长的表扬发自内心，激发员工的成就感
表扬适宜性	体现出关注及时和适度，不宜夸大，不要忽略对员工的认可度
表扬实事求是	表扬要保持客观、公平，就事论事，不能因个人喜好区别对待

图 8-6　班组长表扬员工的艺术

2. 批评的艺术

班组长都希望员工遵守企业组织的规章制度，为车间班组共同目标及岗位利益而努力工作。要达到这个目的通常有两种方法：奖励和惩戒。如果员工业绩表现良好，班组长通常会对员工采取赞赏、加薪、晋升等奖励措施，以强化员工的行为，使他们把工作干得更好。如果员工违反了企业班组的规章制度，班组长需要适时、适当地批评或惩戒，帮助员工自我反省与改观。

训诫的目的是使员工纠正自己的不良行为，比如旷工、迟到、违章操作、随便请假等，是管理工作中一个不可缺少的方面。但是如何训诫员工才能收到预期的效果，而不至于使情况变得更坏？艺术性的批评与惩戒能更好地激励员工向好的方向发展与成长。

（1）批评员工的目的性。

班组长对犯错的员工进行批评，目的是让员工感觉到错误并改进工作，而不是显示个人权威，更不是打压和伤害员工的感情，因此班组长在批评前要明确批评的目的是什么。

（2）批评员工应注意的事项。

① 首先要让员工知道组织的行为规范，应当让员工对组织的行为准则有充分的了解。

② 要弄清楚员工犯错的真正原因是什么，避免因一时的冲动造成员工情绪上的对抗和矛盾升级的局面。

③ 先让犯错的员工描述经过，从而进一步了解和辨别事情的真伪。

④ 批评时尽量要在单独相处的情形下，避免在公众面前过于直接地批评，否则矛盾会升级。

⑤ 批评应及时，避免出现翻旧账，给员工一种“秋后算账”的感觉。

（3）批评员工的艺术。

由于员工之前受教育程度和习惯的不同，素质有高有低，班组长在管理团队时没有良好的素质是行不通的。班组长在批评犯错的员工时应掌握一些批评的技巧，把握训斥的尺度，同时应明确批评的目的是什么。

① 批评之前先从员工的长处观察，表扬员工以往的工作业绩或优点。

② 采用不同而有效的针对性的方法。

③ 批评要分场合且有针对性，班组长对员工的错误和缺点给予批评指正是完全必要的，但批评时一定要因人而异，考虑到员工不同性格，采取合理的批评方式。

④ 批评员工要把握分寸，坚持以理服人、以情感人，批评一旦超

过某种限度，就会起到相反作用，甚至造成矛盾升级。因此批评员工要设身处地为对方着想，通过真诚和理解去管理员工，用爱护体贴换取员工的信任。

3. 惩戒的艺术

惩戒是一种企业管理制度性的措施，班组长需要明确惩戒不是最终目的，而应通过惩戒告诉员工应该做什么、不应该做什么，并让员工明确必须要做的事情。惩戒最终目的是预防和改正员工的过失行为。

（1）惩戒的原则。

惩戒是企业为维护正常生产秩序对违反制度的员工采取的一种措施，目的是告知员工所犯错误和提醒员工加强工作责任心。同时，执行惩戒也在班组团队内起到一定教育警示作用，因此班组长在惩戒员工时应保持客观公正的态度，具体来说，应遵循以下四项原则。

① 遵循企业相关公司管理制度，如“惩戒管理制度”或“员工手册”。

② 遵循“热炉定律”原则，如经常宣导遵循企业或班组各项管理制度方面的教育培训工作，警告或劝诫员工不要违反企业和班组管理制度，否则将会受到惩戒。

③ 循序渐进，如口头警告、书面警告、停职、罚款、记过、记大过、降薪和解雇的过程。

④ 尊重员工的申辩权，一个有效的惩戒系统应当被员工看作公平的，允许按照申辩制度提出观点。

（2）惩戒的方式。

通常班组长惩戒的方式有以下几种。

① 检讨，是指违反班组工作纪律的当事人写出的检讨错误并保证决不再犯的书面文件。

② 口头警告，是指班组长对违反企业或班组工作纪律的当事人予以口头教育纠正。

③ 书面警告，是指班组长对违反企业或班组相关组织纪律的当事人进行不同程度的书面惩戒措施。

④ 停职，是指班组长对违反企业或班组制度的当事人进行停职工作的惩戒措施。

⑤ 罚款，是指班组长对违反企业或班组制度的当事人实施经济处罚的一种措施。

⑥ 记小过或记大过，是指班组长对违反企业或班组制度的当事人进行书面记录行为错误的惩戒措施。

⑦ 降薪，是指班组长对违反企业或班组制度的当事人予以降低薪资级别的惩戒措施。

⑧ 解雇，是指班组长对违反企业或班组制度的当事人予以解除劳动关系的惩戒措施。

第四节
班组冲突管理

班组团队由两个或两个以上的、相互依赖的个体组成，为了实现班组目标按照规则结合在一起，有时会因为利益或个人思想而产生矛盾，因此班组长应熟悉并掌握团队冲突管理的方法。

车间班组是企业最基层的生产组织，由若干成员组成。由于班组成员之间文化程度、个人修养、处事原则、操作技能等不尽相同，当双方的观点、利益不相容时，势必引起工作冲突。

一、班组团队出现冲突的原因

1. 沟通因素

在生产活动中，双方冲突的原因很大程度上源自误解。班组成员具体负责某一项生产操作工序，在传达沟通时坚持了个人的观点，缺乏对对方立场的理解，加之信息的传递方式、语气等导致双方冲突。比如，生产班组下道工序对上道工序的品质进行检验时，发现上道工序不符合产品质量要求，便立即指责上道工序操作者不负责任的态度，在不了解上道工序是无意或确实是漏检的情况下，产生了口头上的矛盾冲突，包括双方沟通使用的语言或方式都会成为冲突的导火索。

2. 工作分配因素

工作分配和利润因素、团队之间相互依赖程度也是班组团队中造成矛盾冲突的原因。因此，班组长在进行生产派工时，应充分利用好每一名班组成员的特长或优点，科学合理安排生产任务，并考虑到班组成员的特点与工作岗位的匹配性、激励机制均衡等，只有在团队成员与班组利润保持客观一致时，才能避免工作矛盾和冲突。除此之外，班组长还应加强团队规范管理，明确班组团队工作任务目标和个人工作目标、明确生产派工工作制度，有清晰客观的岗位操作管理制度，让班组团队每一名成员认识到岗位操作的规范性。

3. 个人因素

在实际工作中，班组成员之间的个人性格差异使他们考虑问题的立场不同。显然，差异性越大，工作共性就越小，发生工作冲突矛盾的可能性就越大。因此，班组长在进行班组团队建设时应减少因个人差异化带来的工作矛盾冲突，包括因个别成员的价值观不同而引发的团队冲突。

二、处理团队冲突的方法

车间班组成员的工作冲突一般分为建设性冲突和破坏性冲突。建设性冲突有利于激发班组成员的潜力和业务技能，带动班组工作改善和创新，因此班组长应引导并合理利用。破坏性冲突的发生则会给班组团队带来影响和损失，需要班组长及时处理和消除。

1. 明确需求

明确岗位需求是要求班组长对生产过程相关工序或操作岗位进行规范确定，严格要求该岗位的操作标准，如上岗证、工作技能等级、工作经验等，为了保证安全生产、工作效率、产品质量标准，必须在符合要求后方可上岗操作并形成班组规范管理制度。

2. 教育批评

在班组团队发生冲突时，班组长应教育当事人以道德规范要求和约束自己，要顾全大局，冲突双方以自我批评为主，从自身查找发生冲突的原因，各退让一步，以缓解双方的对立情绪和因工作关系造成的冲突，双方进行换位思考、求同存异的思想教育。此时，班组长应让双方发现自己的不足之处，查找原因，使其认识到自身的错误，并制定具有可行性的处理方法，避免隔阂。

3. 冷却处理

由于冲突双方都在气头上，若处理措施过激不仅不能解决问题，还有可能造成矛盾的激化，因此班组长必要时可采取冷却处理方法，等待时机再协调处理，从而避免矛盾激化。

4. 仲裁解决

当班组长无法解决成员冲突时，可邀请上级主管领导出面调解及仲裁，首先强制要求双方停止冲突行为；然后对冲突事件进行调查，对引起冲突的责任者提出处理意见并做好思想工作；在双方对处理意见达成一致时再进行公开处理。但仲裁领导必须权威，对双方具有足够的影响力，同时给予客观公正的处理。

5. 目标引导

车间班组经常发生一些由具体的小事引发的冲突，此时班组长可通过较高的目标巧妙地转移矛盾，引导双方在新的或更高的目标上团队协作。班组长在处理冲突时，也是对班组成员的教育培训，包括分工配合、团队合作、反对利己主义、提倡通力合作、反对英雄主义。

6. 合作策略

合作策略是指一方主动与另一方一起寻求解决问题的方法，将问题转换为共同的目标和责任，双方可以此为出发点，澄清差异并寻求问题的解决办法，而不是迁就不同的态度和观点，双方不需要作出无原则的让步。

第五节
如何组建班组团队

团队管理并非一句空话，一名合格的优秀班组长必须做好团队建设和团队管理。

一、为什么要组建班组团队

在企业生产活动中，一个生产组织团队的成功不仅仅归功于班组长的管理和领导才能，绝大部分的成功关键在于班组成员积极努力实现工作目标。所以说团队的成功中一定有着班组长个人的进取心，而更多的是依靠具有凝聚力的班组团队。

1. 班组团队的重要性

单打独斗和个人英雄主义的时代已经过去，现代成功是靠团队合作共同努力的结果。企业管理者已经不再是“明星”，虽然班组管理者掌握一定的权限，但是如果缺少了一批手足相连、智勇双全的班组成员的支持配合，很难达成班组的业绩目标。任何一支组织团队，不管是一支乐队、球队还是企业任何部门，需要的不仅是一位管理人才，更需要的是一位生机勃勃的团队发展的领导者。因此，一个成功的班组团队是由团队成员和优秀的班组长共同构成的。

2. 具有凝聚力的班组团队

具有凝聚力的班组团队应具有以下几方面特点。

① 成功的班组意味着在班组团队之间建立沟通关怀和团队协作的班组文化，使班组长和员工之间默契和努力成为一种合作精神。

② 优秀的班组长应做好团队成员的素质教育培训工作，并使班组团队的每一名成员感受班组和谐文化。

③ 班组所有成员能够掌握至少两种以上的生产操作技能，随时调动、支援受影响的岗位。

④ 每一名班组成员都能够上下齐心，面对班组目标能够分工协作，共同追求胜利和成长。

⑤ 每当完成班组的工作目标时，班组每一名成员都能分享胜利的喜悦和荣耀。

二、成功班组团队的特点

优秀的班组长能够组建一支完美的班组团队，无论是班组成员还是班组气氛、工作默契和生产力的发挥，与一般的团队相比较，总是有相当大的不同之处。成功的班组团队常表现出以下几个主要特征。

1. 目标明确

优秀的班组长往往主张以工作结果为导向的班组团队合作，目标在于获得非凡的成就；对于团队目标和个人指标永远十分清楚，并且让班组团队的每一名成员明白共同参与的重要性。因此，优秀的班组长会随时指出班组的工作方向，一起确定团队的目标，并竭尽所能设法使班组成员清楚了解、认同，进而获得班组成员的承诺，坚持实现共同设置的工作目标。

2. 分工协作

优秀班组团队的全体成员清晰地了解个人所扮演的角色是什么，并且知道个人业绩指标的完成会对班组目标的达成产生什么样的影响。大家不会刻意地逃避责任，不会推诿分内之事，知道自己在班组团队中该主动做些什么。

3. 参与管理

成功的班组团队成员身上总是散发出积极参与管理的热情，每一名成员都相当积极、主动，一有机会就参与。因此尽量让班组成员参与进来，因为成员参与目标设定可以满足“有参与就受到尊重”的心理。

4. 沟通与倾听

班组长应随时与班组成员进行沟通、了解，特别是倾听团队成员的不同意见和观点，让班组成员感觉受到重视，正因如此，班组长应努力塑造与班组成员之间相互尊重、倾听和沟通表达的班组文化，真正了解员工的想法和建议，如确实有助于对班组工作目标的达成，何尝不是一种妙计?

5. 相互认同

车间班组应营造出一种团队人文关爱的和谐文化，并让团队成员感觉受到别人的尊重和支持，这是成功班组的特性，班组团队的成员对于积极参与团队管理和活动会感觉到兴奋不已。因为团队成员之间经常听到以下这些话。

① 你是最棒的，你是最优秀的，支持你!

② 我要谢谢你，你做得非常棒!

③ 我认为你一定可以做得到，加油!

④ 你是我们班组的灵魂，不能没有你!

⑤ 这次的目标达成，你表现真的很棒!

6. 团结协作

优秀班组团队中可以经常看到成员之间自由自在地与班组长讨论工作上的问题并寻求帮助。

三、让团队成员感觉自己是最优秀的

要想使自己的班组团结合作，必须培养班组成员的自信心。要让班组成员为自己的班组感到骄傲，必须让员工感觉到他们是优秀班组的一分子。或者说，假如你的团队是企业内部最佳团队，那你就让员工感觉自己是企业最优秀的员工。一句话，就是让班组成员相信他们是在企业最优秀的班组工作。

① 班组长应随时对表现优秀的员工进行夸奖，培养“我们是最棒的”荣誉意识。

② 公开颁发优秀荣誉证书或表扬，班组长的荣誉奖励和表扬都是员工喜欢的。

③ 制定班组的工作价值观，促进团队和谐文化。例如曾经有过辉煌的历史证明自己的班组团队的价值和特点，因为员工都愿意追随优秀的班组团队。

四、班组长与执行力

优秀的班组长必须具有很好的执行力，有时候员工犯了严重的工作错误，造成了严重的后果或经济损失，作为班组长必须严格执行某种形式的惩戒。当必须使用惩戒时，一定要执行，绝对不能犹豫，否则对于班组长和被惩戒的员工来说都不是一件好事，也许还让其他人误认为你的惩戒不公正。

（1）设立“电网”。

明确严格的班组规章制度，等于设立一条“电网”，只要违反企业制度或班组纪律，必须执行惩戒处理。

（2）把握惩戒的尺度。

在员工违反制度或被执行惩戒时，通常附带某种纠正形式，惩戒的目的只是防范未来再次发生，不要太过于严厉，把握一个“度”。

（3）设定典范。

假如班组团队的纪律比较松散，就得设立以自己为高标准的典范，前提是自己先做到，再要求班组成员，同时确定一个突破点，集中整治执行力。

（4）以儆效尤。

当有员工严重违反企业规章制度时，导致发生恶劣事件或造成严重后果的，必须严格执行企业规章制度给予处理。在这种情况下，班组长不得有任何犹豫，原因有二：一是企业对于严重违反者必须给予相应处理，二是在严重违规情况下，一旦犹豫或处理不当，企业或班组将会出现若干此类事件，最终将会由班组长承担责任后果。

9 CHAPTER

第九章

班组长与精益生产

第一节
精益生产的概述

当前企业正面临着需求收缩、供给冲击、预期转弱、订单普遍减少等多重压力，特别是原料成本高、利润薄等因素，使我国制造业面临的形势不容乐观。为此，企业应推动精益生产方式，改善企业生产活动所遇到的困惑，保障稳步发展。

一、精益生产的模式

1. 精益生产模式的概念

精益生产模式起源于20世纪50年代的丰田汽车公司（以下简称丰田），也是美国麻省理工学院的研究小组在对日本汽车工业的生产管理方式进行调查研究之后给这种生产方式所赋予的名称。精益生产（Lean Production）是指以最小的成本投入取得最大产品输出的结果，特点是设计快、生产方式灵活、快速交付、质量稳定、成本低，如果概括成一句话就是“消除无效劳动和浪费的思想和技术”。

1945年，当时的丰田汽车株式会社社长丰田喜一郎说：“要3年赶上美国。”而此时，日本的生产力是美国的1/8，要在3年内把生产效率提高 8 倍是非常困难的。当时的副社长大野耐一认为，只要杜绝浪费，生产效率就有可能提高 10 倍，这种想法正是现在丰田汽车生产管理模式的出发点。

2. 精益生产模式的特征

精益生产到底是一种什么样的生产管理模式呢？为什么它具有如此大的威力？精益生产的归纳者在《改造世界的机器》一书中从五个方面论述了精益生产企业的特征。这五个方面分别是：工厂组织结构、产品设计、供货环节、顾客和企业管理。归纳起来，精益生产的主要特征为：对外用户至上，对内以“人”为中心。在组织结构上以“精简”为手段，在工作上采用“项目管理”和“并行设计”，在供货方式上采用“准时化生产 JIT”，而终极目标是“零缺陷”。

总之，精益生产成果的本质是以较为独特的生产组织方式作为依据，依托所处的经济、技术和人文环境，创建出适应环境的管理体系，从而体现出巨大的优越性。

3. 精益生产的体系构成

如果把精益生产管理模式看作一幢大厦，那它的基础就是计算机网络支持下的小组工作方式和并行工作方式，它的三根“支柱”如下。

（1）全面质量管理。

以保证产品质量、达到零缺陷目标为主要质量管理措施。

（2）准时生产和零库存。

以缩短生产周期和降低生产成本为主要手段。

（3）成组技术。

实现多品种，按照顾客订单组织生产，扩大批量、降低成本的技术基础。

二、精益生产的思想与目标

1. 精益生产模式的理论思想

精益思想通过即时反馈把浪费转化为价值，这能使工作做得比较令人满意。精益思想的关键出发点是价值，而价值只能由最终的客户来确定。价值只有在具有特定的价格、能在特定时间内满足客户需求的特定产品来表达时才有意义。

（1）减少一分的浪费，就是增加一倍的企业营销利润。

在市场竞争日趋激烈的今天，如果制造业还是按照以往的生产管理模式，依靠购买便宜材料、物件等东西，然后高价出售成品来获得利润，必然会被市场淘汰。

（2）为客户创造价值，就是为企业实现精益目标。

价值是由企业工厂创造的。从顾客的立场来分析，这是企业工厂之所以存在的理由。例如，企业只有为客户提供满意的产品，客户才会为企业支付价值酬劳；否则工厂输出产品超出了客户的需求价值，客户也就不会为高额成本而承担额外的付出。

（3）生产过程的尽善尽美，让客户感受到一种精益求精的敬业精神。

一个生产组织如果能够为客户提供一个比以往更接近客户真正需求的产品时，那这个团队也在无止境地为客户创造价值。同时，这个组织在全力以赴地降低时间、场地等成本，也验证了零缺陷的生产管理体系是一种管理精髓。

2. 精益生产模式的目标

企业现场管理的目标一般来说可以分为 Q、C、D 三大类别；但精益生产管理模式的终极目标是去除一切浪费，通过缩短生产周期准时为客户提供需求的产品或服务。在市场竞争日趋激烈的今天，要想为客户创造价值，班组长推行精益生产必须重点关注以下三个核心要素。

（1）柔性生产结构。

柔性生产结构是指为了适应市场变化和客户所需要的多品种、小数量、交期短的特点，结合实际情况，而组织的 JIT 生产模式。柔性生产结构一般包括以下三个方面。

1）人力柔性。

在用工荒或市场波动时，可以打造“多能工”形式来调整生产流程的岗位人员培训；同时在核心岗位人员空缺时，可以调整人员保障生产工作的顺利进行。

2）柔性班组。

在精益生产模式中，人员配置不再是以职能为基础的静态班组团队，而是以生产班组和项目为基础的动态生产组织结构。

3）柔性设备。

与大批量生产的高效率设备相比，实现精益生产的设备是便于更换或调整的柔性化设备。在柔性设备上，更换产品只需要很少的时间，这样可以大大降低所谓的经济规模的阈值。这是因为柔性自动化设备替代了普通的设备，逐渐形成面向“少批量、多品种”的市场需求。

（2）零库存理念。

在辅导工厂改善过程中，我发现有的生产班组将众多物料、工具都堆积在生产现场，造成各种情况，甚至是物料丢失、设备故障、安全事故等异常问题频发，这在精益管理理念中被称为“万恶之源”。因此，精益生产模式就是追求“零库存”的生产活动，这与企业管理系统有很大的关联性。

（3）零缺陷理念。

一般工厂都会参考 AQL 质量数值，通过合格比率衡量该工厂的产品质量水准。但在现实中，很大程度上的质量问题直接造成了客户退货或重新安排生产的现象，客户订单产品重新全检，造成企业利润的丢失，这就是典型的对产品质量不重视导致的严重后果。

三、精益生产模式在中国企业的发展与应用

丰田成立于1937年，不到100年的时间，工厂遍及世界各地，在全球销售排行榜上独占鳌头，利润远远高于其他汽车厂商，缔造了一个令世人称奇的商业神话，赢得了全球商界的赞颂与争相学习。

能够在世界范围内取得如此卓越的成就，丰田靠的是什么呢？是精益生产模式，是几乎成为“优质”代名词的丰田品牌。

中国第一汽车集团有限公司早在1978年就派出以厂长为首的专家小组去日本考察学习汽车工业的管理经验。丰田生产模式的创始人之一大野耐一亲自为他们授课，介绍精益生产管理模式的经验。随着时代的发展，我国不少企业都在以丰田精益生产模式为改善目标，组团到丰田参观考察学习、取经，也有通过咨询公司推动精益改善项目的方式来导入“精益生产模式”的。

如今，在我国上海、江苏、浙江、广东、福建等地，很多企业都已经导入或正在导入一项精益生产模式的重要经营决策。例如在深圳的一些企业招聘中高层管理人员，要求具有日资企业或懂精益生产改善工作的背景，这足以说明，推动精益生产模式对企业经营发展是多么的重要。

工厂推行精益生产模式，应结合自己企业产品、工艺、文化等实际情况，寻求专业的咨询团队来协助企业导入，在此提几点参考。

① 先诊断本企业的企业文化和特征，经过谨慎对待评估后再作出决策。

② 寻求有资质的咨询团队，聘请精益专家协助导入。

③ 形成推行改善小组或组织体系，全员参与导入精益系统。

④ 推行精益生产模式，企业高层领导必须亲自挂帅。

⑤ 导入精益生产模式与企业的变革、改制、改组相结合。

⑥ 制定导入与推行方案，先试点、分阶段、分部门到逐步推广。

当前，国内不少企业都在寻求一条适合自我发展的生产管理模式，同时，有不少制造业企业都在寻找从生产制造转向智能制造的一种转型升级的契机，这是一次重大的发展机遇。而精益生产模式自始至今已推广数十年，特别是在广东、浙江等地有不少企业工厂都成功导入了精益生产模式。

第二节
制造业与精益生产

> 精益思想改变传统观念。精益生产方式通过思想、方法、工具与系统性导入企业生产管理活动中，即形成了一套环环相扣并完全围绕最终目标的系统解决方案，使生产系统能够很快地适应客户需求的不断变化，最终达到整个工厂管理的尽善尽美。

企业最终的经营目的是收获利润，如果没有利润也就毫无意义。所以，作为工厂来讲，管理者推行精益生产方式达到消减成本、降低成本和提高效率来实现经营目标，以确保企业在激烈的市场中建立核心竞争力。

一、当前制造业面临的挑战和机遇

在这几年金融危机的影响下，市场订单大幅度减少，2019 年新冠疫情对中国制造业来说是雪上加霜，有不少加工型中小企业一度陷入了困境，许多国内以外贸出口为主的企业处于倒闭的边缘。

特别是在疫情期间，有一些企业总是在抱怨外部环境的影响，失去了持续发展的信心。

其实，他们更需要的是积极反思自身存在的问题，迅速做出战略布局规划，一定要抓住国际产能转移和国内市场内需的政策支持所带来的机遇，力求生产管理变革，走精益管理之路，从传统的粗放型生产向精益型生产管理模式转变，实现制造业转型升级。

管理者在面对市场危机时，要有一种自我审视和突破瓶颈的管理观念，这可以从两个层面来分析，首先是危机中蕴含着机遇，要在危机中发现更好的机遇，从而更好地做出战略调整；其次是要切实加强企业管理自我审视的能力，找出自身的缺陷与不足之处，切实实施管理变革，迅速做出调整。

精益生产制造是现代企业工厂减低库存、提升产能效益和实现企业经营利润的法宝。1973 年的石油危机将整个西方经济拖入了漫长的黑夜，这为日本工业提供了极大的发展机遇。在市场环境急剧变化的情况下，丰田精益生产方式为日本汽车工业发挥了成效，迅速赶超欧美汽车制造业。

通过以上案例可以看出，企业工厂在面临各种危机的时候，正是转型升级的良机。

二、识别浪费

1. 浪费的定义

浪费是指超出客户需求的任何设备、物料、场地、人工，以及在生产活动中不会产生附加价值的活动，均称为“浪费”。

浪费导致成本增加实际上有以下三层含义。

① 并非所有的工作都是有价值的，很多工作都是浪费，例如超过客户要求的任何生产所需要的设备材料、场地及人工。

② 浪费之间的关系错综复杂，彼此衍生。例如有的企业管理者为了减少搬运，另外增加了一批周转箱，这是典型的在减少搬运浪费的同时却增加了成本。

③ 大量的实践证明物流是关键，库存的浪费是标志性的浪费。这是因为在生产现场，一切生产活动都是围绕物流展开的，一切不合理的浪费最终都会在物流上得以体现，物流不畅必然会产生大量的库存。

多年的辅导实践证明，各种各样的浪费现象在很多尚未实行经营生产制造的企业普遍存在。为了杜绝工厂中的浪费现象，要发现不合理的地方，想办法解决这些问题，这就需要推行精益生产模式。

2. 企业工厂常见的浪费

在生产现场存在 8 种不合理的浪费现象，分别是：等待浪费、搬运浪费、不良品浪费、动作浪费、加工浪费、库存浪费、过量生产浪费、管理浪费，如图 9-1 所示。

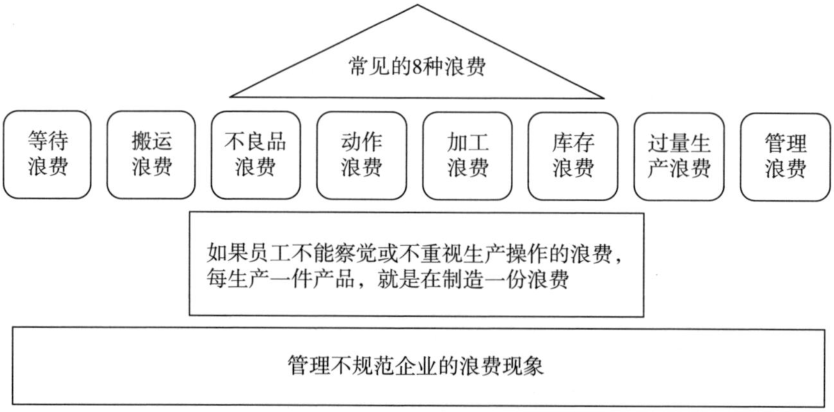

图 9-1 生产现场常见的 8 种浪费

（1）等待浪费。

作业员的双手停滞不动时，就是等待浪费。生产线不平衡、缺料、机器故障使得作业员停滞，或者机器在进行附加价值的加工时，而作业员在旁边监视，这些都是等待浪费，这类的浪费很容易被发现。较难以发现的，是当机器在加工或装配工作时等待的浪费。纵使作业员很拼命地工作，仍然存在着数秒、数分钟的等待，等待下一个工作物的到达，在此段时间内，作业员只能无所事事地望着机器。等待浪费可以细分为以下四种。

① 因前工序的零件半成品欠缺，致使无法加工生产。此类浪费在产品机种切换时比较突出，很大程度上出现在周转加工件，使得后工序产生更长的等待时间，最后影响生产交期。

② 机器设备自动运转，而生产操作人员只是站在机器旁边等待。

③ 班组长在等待信息资料时所产生的浪费，严重影响生产进度。

④ 因为生产计划安排不当造成的生产等待，此类等待浪费是经常出现的现象，例如装配一批产品需要 1000 个加工零件，在完成 990 个时，因为最后 10 个迟迟没有送到，造成生产线无法生产，向上追踪时发现还没有生产。

（2）搬运浪费。

搬运浪费是指由于存在不必要的搬运距离，或是因移动更换场地等所产生的浪费。

搬运是工厂营运的一个主要部分，但是移动这些材料或产品并不能产生附加价值，搬运本身是需要人员的，因此可能产生营运费用成本。不管什么时候，任何场所只要有搬运，就会造成费用的增加。

在刚进入一家企业的时候，若在现场看到输送带和搬运，我的第一个问题就是：能否将它消除掉？因为精益生产完全要求删除搬运，工序之间没有搬运。只要产生浪费就是增加成本，成本控制是班组长重要的职责之一。

（3）不良品浪费。

不合格品的产生严重影响了班组生产计划的顺利进行，也会产生昂贵的重修费用。精益生产认为不合格品是不能创造产品价值的浪费，不良品的产生同时增加了返修费用，反而增加营运成本；如将不合格品丢掉，是资源及设备的最大浪费。在今日大量的生产环境中，班组长要严格控制生产过程，控制不合格品的产生，争取做到一次就做好、一次就做对，绝不让不良品流入下道工序，彻底避免因不合格品所产生的各种浪费。

（4）动作浪费。

在生产过程中，员工的任何动作若是没有直接产生附加价值，就是一种浪费。例如生产人员为拿取材料而步行的浪费，或者需要人工花费时间寻找加工件所造成的浪费。

实战案例

操作注塑机的作业员，先从模具上去下塑胶件，再加工披锋水口，然后放在物料箱，加工披锋水口就是动作浪费，完全可以将机台和模具调整为最佳状态，减少人工二次加工的多余工序动作，这就是典型的浪费。班组长在现场改善过程中，应以最佳的人力状态取得生产作业所需要的工具或配件，彻底避免动作产生的浪费。

（5）加工浪费。

加工浪费也是由于流程无法同步造成的，作业员经常把工作分得太精细，超过了需要的程度，这也是加工浪费的一个典型例子。加工本身就是浪费，例如在欠缺工装夹具时，操作人员需要控制夹具作业，除了不方便外，还造成了动作时间的浪费。班组长在生产过程中应尽量减少加工环节所产生的浪费。

（6）库存浪费。

库存包括原材料、在制品、半成品和成品。成品、半成品、零件及物料的存货是不会产生任何附加价值的，反而增加了营运成本，因为有库存就要建造仓库储存，并且需要工作人员的搬运和日常的仓储管理，多余的库存品又积满灰尘，是没有附加价值的，其质量随着时间而降低。存货是由生产过多造成的，因此，库存直接带来存货管理费用，更会引起经营费用增加的连锁反应，所以库存问题应引起足够的重视。

（7）过量生产浪费。

过量生产是指生产出比订单数量更多的产品，或者说在一个工序到下一个工序的中间生产过量。制造太多或太早是生产活动中常见的现象，过度生产造成的浪费也容易被忽视。

有的企业管理者对于“过度生产是浪费”非常迷惑。“人人有事做”的思想是造成过度生产的浪费根源，它体现为不能容忍机器的闲置，立即要求动用这些资源；但提早生产和预测生产及过量生产会带来严重弊端。

① 多做了无用，变成库存，从而资金积压及贬值。

② 过早生产只是提早地用掉了材料费及人工费，并把“等待的浪费”隐藏起来——因进度提前，导致上级漠视等待的浪费，同样也造成在制品的积压，即库存的浪费，以及搬运的浪费等。

在当今激烈的竞争中，非瓶颈资源如果还是过度生产的话，必然会带来过量生产的浪费。这种过量产出并非有助于高效产出，反而增加库存成本。这就是“人人有事做”、利用所谓资源的观念造成过量生产的原因。

（8）管理浪费。

管理浪费是指员工自主管理能力不强、积极性不高，以及管理制度体系不完善而造成的浪费。优秀的班组长应具有合理的规划，以及相当的预见性，在生产决策过程当中做好协调控制和反馈，从而减少管理浪费现象的发生。

管理浪费一旦在某种程度上暴露，则可能会出现急速的放大效应，班组长一定要从消除点滴浪费的管理做起。生产工厂常见的管理浪费现象如下。

1）岗位重叠，人浮于事。

生产工厂对管理不善、岗位重叠、人浮于事的现象主要表现在以下三个方面。

① 在设置工厂生产组织结构时，虽然设置了一些管理职能，但是并没有发挥它们的作用，造成岗位的限制，对生产团队产生了不良的影响。

② 由两个部门承担了类似的工作，职责不明确，造成了职能相互重叠，好像都可以负责、又都可以不管。

③ 工作流程复杂化形成的重叠。在一些工厂，经常会出现一些不重要的任务，上级领导实际上是承担了签字的职能，如果没有上级领导的签字或认可，工作就无法进行，造成了等待和停滞的浪费。

2）缺乏积极主动性，造成等待浪费。

虽然有目标，但是所有的工作都需要上级的指示，同事的回复、下属的工作汇报，这些看似合理的"等待"在班组管理工作过程当中大量存在，这主要是一些管理人员缺乏自发主动性和积极的心态，不愿意承担责任所造成的一种"等待"浪费。

3）缺乏管理规则，造成管理浪费。

"没有规矩，不成方圆"这句古语充分说明了管理秩序的重要性。所有管理工作的执行系统都是建立在企业管理制度的规则之内；否则，一旦有令不行、有章不循，按照个人意愿行事，就造成了团队管理和生产管理活动的无序性浪费。

三、精益生产与支持工具

企业在推动精益生产管理模式中，精益生产的支持工具是所有具体工作的前提，是不可缺少的。精益生产的工具体系如图 9-2 所示。

（1）精益 6S。

精益 6S 是精益生产模式最基础的部分，它的实施水平高低决定着其他精益模块，如 JIT、TPM 等是否顺利进行，也关系着整个精益生产活动是否能够有效推进。

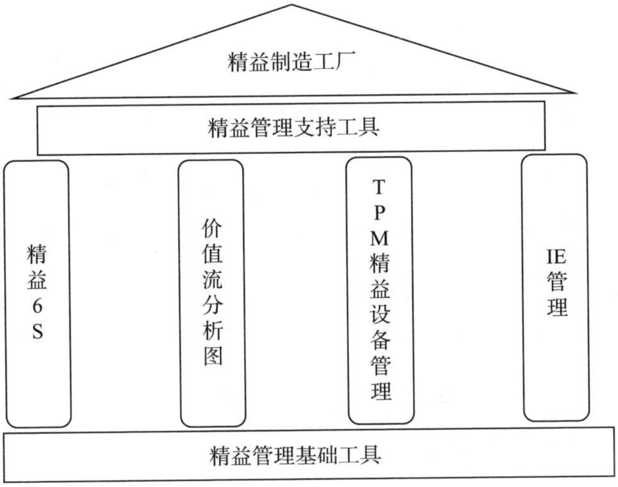

图 9-2　精益生产的工具体系

（2）价值流分析图。

在推进精益生产管理模式的过程中，班组长经常会被现场中杂乱无章的各种乱象困扰，不知从哪里实施改善，无从下手。因此，班组长需要借用一个有效的方法和工具，能够找出浪费形成的主要原因并予以消除，这就是精益生产常用的基础工具　　价值流分析图。

当班组长在应用价值流分析图时，要明白什么是价值，什么是价值流，什么是价值流分析图等核心意义。

① 精益思想的关键出发点是价值，它是由终端客户所确定的。换句话说，在适当时间内满足客户需求的时候，价值就会体现出来。所以，生产活动一旦超出了客户所需求的价值时，其他的都是资源浪费。

② 价值流是一件特定产品通过任何一项生产活动的三项关键性管理任务时所必需的一组特定活动，三项关键性管理任务包括：设计构想、生产加工、产品交付。

③ 价值流分析图适用于一些规范性的符号和流线，确定一个产品品类后，从开始到结束的每一个工序的状态就是工序的信息流、物流

和价值流的当前状态图，在找到问题以后设定一个未来的状态图，从而显示价值流所需要改善的方向和目标结果。

它的意义主要是针对生产过程当中的价值流现状进行分析。例如从了解客户的需求到产品研发、生产制造、交付管理和工商管理等来了解分析物流信息传递的路径和方法，发现问题并实施改善的流程图状态为下一步实施精益活动明确了工作方向。

（3）TPM 精益设备管理。

TPM 中文译名为“全面生产维护”或“全面生产保护”。工厂应用 TPM 有以下几方面意义。

① 已建立并完善最高级别的生产设备系统保障体系。

② 以生产服务为目标，制定预防故障和不良等浪费现象的措施。

③ 公司各个部门全员参与实施。

④ 依靠班组成员的参与推进设备保全，以实现零浪费的目标。

（4）IE 管理。

工业工程（Industrial Engineering，简称 IE）是为了排除工作中的不经济、不均衡和不合理的现象，管理者更加舒适、快捷、低成本地生产高质量的产品，更好地为客户提供服务的手法。

丰田广泛应用 IE 技术，在同等投资、同等规模、相近设备下，创造比同类企业高 30% ~ 50% 的效率，获取 100% 以上的利润。工业工程的主要作用是运用科学的方法有效地利用人、财、物、信息、时间等资源，通过应用数学、物理学、社会学等专门知识和方法实现资源整合，达到改善和改进的效果，从而提高生产效率并降低成本。

在应用 IE 管理的改善手法时，要对生产流程进行整理分析，直到发现作业中存在的不经济、不均衡、不合理等现象并对其进行改善。IE 管理工序改善步骤如图 9–3 所示。

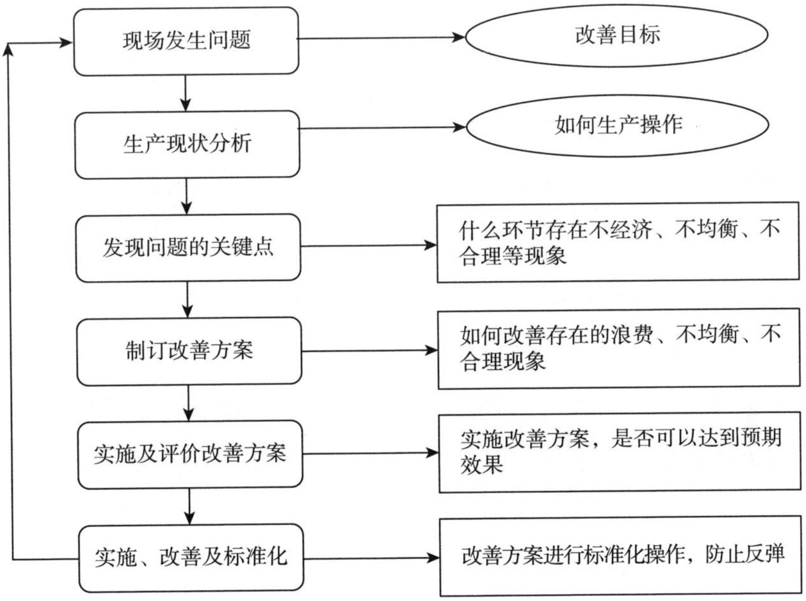

图 9-3 IE 管理工序改善步骤

如果改善方案试行评价得到“十分有效”的结果，将进行实际操作。企业要实施改善方案，重要的是使方案标准化，防止重新采用原作业方式，按照上述的步骤完成改善后，将寻找新的改善课题进行挑战，维持现状便是倒退，必须铭记“改善是永恒的、无止境的”。

四、精益生产之实施工具

（1）“一个流”生产。

丰田是流程导向的企业，他们认为正确的流程方式能产生优异成绩，而正确的流程始于“一个流”，它以低成本、高安全性与高士气实现最佳品质。

“一个流”生产是指从投入原材料到产品产出的整个制造生产过程，产品节拍流向始终单一。它是以精益生产实现均衡生产的关键技术，是准时化生产的核心内容，是解决生产制程中在制品堆积和消除浪费的最佳方法。

（2）人机组合生产。

为了适应客户多样化、个性化需求的生产模式，现场管理者在经过详细的产能分析之后设计了人机组合操作工序，主要目的是使操作人员发挥 100% 的工作效率，避免出现闲人、闲时、闲事、闲设备等各项资源浪费的发生。

（3）生产均衡化。

企业的采购、生产制造及产品交付等过程都与市场需求相适宜。企业为了实现以多品种、小批量为特征的生产均衡化，必须缩短生产周期，从而针对生产作业流程的时间、节拍、流动等保持平衡生产的作业方式。

（4）拉动式生产。

拉动式生产方式是指以快速反应市场为核心，适时响应客户实际需求来执行生产程序，是一种由下游向上游提出实际生产需求的生产控制方式。

拉动式生产是准时化生产方式的主要工具之一，准时化生产方式是指在客户需要的时间生产客户需要的数量的理想状态。

（5）应用看板。

看板管理是准时化生产中用于传递生产指令的工具，通常就是一张记录表或有生产指令的小卡片，也可以是具有传递生产指令功能的其他形式。

应用看板是实现准时化生产的手段，通常情况下是由生产计划部门将生产什么、生产多少、何时生产等信息制成一张生产计划表（信息）传递到相关的生产工序。应企业生产流程和产品不同，可采取的看板方式及内容也存在差异。

（6）“柔性化”生产。

“柔性化”是指工厂工具随着市场客户需求的波动，能以很低的成本迅速增加或调整生产负荷能力的一种方式，前提是精益制造班组的组织结构是柔性的，打破传统定员编制，班组之间员工可以相互调动，从而最大限度地发挥多功能员工的作用。例如一个精益生产班组根据客户订单需求数量变化波动，来调节人力、设备、物力等资源的投入并保障客户订单交期。

（7）“人字旁”自动化。

“人字旁”的自动化是指“带自动停止装置的机器”，如“定位停止方式”“全面运转方式”“质量保险方式”等。它是发现并解决生产质量问题的“智能”自动化。例如在生产过程中安装了自动化检测设备，专业人员几乎没有必要盯着某一台机器，每当出现异常情况时，机器就会自动停下来，这样一来人力操作与机器操作自然分离，为“一人多机”的操作方式的实施提供了方便。

第三节
如何实施精益生产

精益生产的根本目标是消除一切浪费，最大限度地赚取利润。企业为了实现经营目标，必须要很好地实现三个子目标，即零缺陷、零库存、高柔性。然而精益生产方式是由一个个项目模块所组成的，它只有阶段性的成果，没有满足的终点。

一、推行精益生产的步骤

（1）企业工厂生产管理诊断。

精益制造是一种生产管理模式，是一个管理系统，精益生产的导入会涉及企业的方方面面。因此，企业工厂领导作出导入精益生产的决策后就可以从客户的需求、企业的管理系统、员工的理念和行为这三个方面入手，全面诊断工厂存在的问题。

（2）精益制造项目管理规划。

其实精益管理并不是一个项目或一个工程，而是长期的“精益生产模式”。由于精益生产管理是由一个个模块组成，所以必须对所有的项目进行整体规划。例如精益 6S 管理、JIT 及时生产、TPM 管理、创意提案制度及课题改善等。

（3）选择确定时机。

精益生产模式能为企业创造丰厚的利润，只有选择实施的良好契机，才能取得更好的效果，这是企业工厂推行精益生产时必须考虑的课题。例如：企业利润受到外部影响时、企业管理者感受到市场的压力时、有意变革时、员工相对稳定时。

（4）确定改善目标。

精益生产有一个尽善尽美的目标，即“零缺陷”，为了使精益生产管理模式达到预期效果，企业工厂要从客户需求价值出发，系统地规划改善目标。

（5）组建精益班组团队。

精益生产系统以班组团队为工作重点，以强调“人性化管理”为中心，充分调动员工的潜能和积极性。班组员工不仅要在工作中执行命令，更重要的是要积极参与，起到决策与辅助决策的作用。一般组建精益班组团队，并非是按照行政组织来划分的，而是根据业务的关系来划分的，班组成员强调操作技能多元化，这就要求每一个员工都比较熟悉团队其他人员的工作，保障生产工作协调顺利进行。

（6）确定改善试点。

精益生产管理模式在选择切入改善的团队时，应考虑选择比较成熟的班组为样板作为精益生产活动的试点。

（7）全面推广实施。

在推行精益生产班组或生产线的同时，非样板车间班组也可以自行逐渐推行，制订具体的精益改善方案、明确具体的实施项目内容并将车间实施精益生产计划书经负责人批准后生效，通常报改善精益生产项目总负责人备案，以便推荐专家对部门活动实施有效的跟踪指导。例如，成立“精益生产项目推进办”确定项目成员、改善职责、工作要求等，由项目总负责人负责全面统筹与推进实施。

（8）成果评估与展示。

在精益生产管理样板车间班组取得一定的成就时，精益生产专家或负责人组织相关人员进行成果评估，在确定取得预期的改善效果后形成标准化精益生产车间班组并在工厂汇报与扩大推广。

（9）持续改善。

车间班组推进精益生产管理模式，并非只是阶段性的改善活动，而是一套可持续追求完美的综合精益管理系统，要想得到根本性的改善效果，那就需要工厂全体员工自上至下在转变思想的同时，始终是以精益改善、持续改善的精神，改善客户、服务客户。

（10）尽善尽美——精益无止境。

精益生产能够为工厂带来丰厚的价值和利润，为什么有如此显著的效果呢？这是因为精益生产管理的精髓，即精益思想。精益思想必须从一种自觉的尝试开始，如果能够将精益生产方式与中国企业的优势相结合，在实践中不断地探索和发展，就会形成中国式的精益生产模式。

二、新形势下的现代企业生产管理发展趋势——精益生产

1. 市场波动对企业的影响

世界在不断发展，全球一体化已是世界经济的最大趋势，越来越多的全球企业参与到这个大环境中，市场自由贸易、公平竞争发展趋势使更多的企业有了布局全球经济的机会。近年来中国企业为了适应全球市场竞争、市场瞬息万变的新形势，制造业生产经营也在发生着巨大的变化。新形势带来的制造业变化可概括为以下几方面。

① 由于时代的发展和客户需求的变化，生产周期越来越短。

② 制造工厂由原来的大批量生产转为小批量、多品种，甚至产品定制生产的现状。

③ 对产品上市周期要求越来越短，产品质量却要求越来越高。

④ 降低压缩生产成本，完善售后服务体系。

当前制造业受全球金融危机、全球市场波动及疫情的影响，制造工厂正在面临前所未有的严峻挑战。中国企业要想在市场上得以生存，必须找到一种适合企业转型升级的生产管理模式。

2. 新形势下的企业生产发展趋势

（1）动态化的组织治理结构。

传统制造业的生产管理组织结构基本是金字塔型，它适用于相对稳定的市场环境。但是由于全球市场化布局的发展很难适应多品种、小批量、交期短等客户需求，因此，现代制造业生产管理组织必须具有更大的灵活性来应对市场变化。

（2）产品设计趋向于定制和智能化。

由于市场需求的时代化和个性化产品需求日趋普遍，当前制造业的产品设计为了满足个性化的客户需求，需要全面转型升级产品设计系统，只要能够了解顾客的想法，就能很快地为客户量身定制产品服务体系。例如，现代全屋家具产品定制生产已较成熟，只要客户说出需求，品牌方就能在很短的时间内完成设计、物料订购、生产加工、组装入库、物流运输、上门安装与售后服务的一条龙生产服务体系。

（3）新形势下的生产计划精准化。

在生产管理活动中，生产计划包括前提法、累计编号法等编制方法。但是通过以往的实践证明这种生产计划存在很大的缺陷，计划并不精准，直接导致库存量增大，难以适应市场变化的需求。近几年，为了避免这种状况，很多企业使用了较为先进的生产管理软件，例如丰田的精益生产管理模式、JIT 生产系统（也称为拉动式生产系统），要求企业的供应、生产、销售等各个环节需要紧密结合，从而降低企业的库存量，使得生产计划更加精准、精确。

现代工厂为适应快速发展，采用了现代化系统软件，如ERP、MRP升级版、MES、DNC、MDC、PDM等。最具代表性的ERP、MRP升级版系统试图通过对市场需求的预测和对客户订单的管理，为企业制订精确的生产计划。例如，在生产计划系统中输入主生产计划的信息后，该系统便对产品进行分解并列出物料清单；在此基础上，生产系统会按照物料独立与相关的需求理论对物料进行分解，并给出零件和原材料不同的需求时间；生产计划系统还会不断地进行信息反馈，提出调整方案，使整个生产过程处于动态优化状态。

（4）现代化生产管理柔性化。

在传统生产管理活动中，一般都是批量流水线、标准化、专业化的生产方式。但是随着时代的发展、市场的变化和人民需求越来越多样化、个性化，与此相适应，现在工厂管理建立了一种为顾客需求随时调整产品品种、款式和生产批量的柔性生产体系，要求生产工厂的生产线必须能够同时生产不同风格的个性化产品，而且具备可调节、延伸升级功能的生产控制系统，打造产品设计、生产制造、工艺设计等为一体的综合服务管理体系。

（5）现代化精益制造管理理念。

在传统生产制造工厂，仓库的库存是一种常见现象，有原材料、半成品、在制品、不良品、报废品、成品等，产生了较高的成本。而现在的精益生产制造，如丰田明确提出要将成本降到最低，实现“零库存”“零浪费”“零缺陷”“尽善尽美”的精益管理思想，要求一切超出客户需求的成本必须采取有效措施予以改善，凡是不利于企业生产的负效应应降至接近“零”的程度，使生产工厂内部流通处于最佳状态。

总之，精益制造生产管理是时代化的科学发展理念，是现代化制造工厂的一种最佳模式，通过提高效率、降低损耗、控制浪费、充分利用有限的资源，最大限度地降低生产成本，企业资源配置达到最佳的状态，这就是现在制造工厂生产管理的整体发展趋势。

10 CHAPTER

第十章

班组长与订单交期及生产计划

第一节
订单交期管理

> 客户交期是由设计周期、采购、生产等周期组成，而班组长所负责的生产环节阶段是完成客户交期的重要环节。

一、什么是订单交期

订单交期也称交货期，是指顾客从下订单到收到产品的过程的总称。从物流的角度看交货期，可以分为两个阶段：采购周期和生产周期。通常，交货期由六项时间构成，如表 10-1 所示。

表 10-1　交货期时间构成

序号	要素类别	具体说明
1	订单评审	由企业某一部门牵头，各部门对客户订单进行从资源输入到产品输出与交付过程的评估
2	采购周期	由采购部门对外部上游供应商等订单进行物料采购过程所占用的时间
3	生产周期	指企业内部或生产班组自投产开始到产品产出所占用的时间，包括完成安排、生产准备、加工时间等生产作业时间
4	运输时间	指企业完成客户订单后，将客户需求产品货物从企业生产地送到客户指定的交货地点所花费的运输过程的时间，运输时间和交货地的距离、运输方法与客户交货期有很大的关系

续表

序号	要素类别	具体说明
5	验收与检验时间	此环节占用的时间包括卸货、拆箱、检验和完成验收文件后将货物运至客户指定地点的时间
6	缓冲时间	指一些不可预见的如外部供应商预留或内部因素所造成的交期延误的缓冲时间

二、订单交期瓶颈转移和改善控制

一般在接到客户订单后，在评审、采购及生产周期内会出现不可预见性的瓶颈，企业各生产部门应做好瓶颈预案及改善措施，转移较为可控的瓶颈。所以，在实际生产过程中出现不同的瓶颈现象时，只有持续进行攻关战，不断分析并找出新的瓶颈在哪里，不断解决改善或转移排除，所有生产过程才会顺畅高效。瓶颈一般包含以下几方面。

① 外部供应商或供应商上游可能会出现不可预见性的因素影响，导致物料到位不及时的异常情况。

② 企业内部产品制造工艺的变更或生产设备的影响，导致无法按照客户需求正常生产所发生的瓶颈。

③ 因客户交期变更因素导致企业内部生产过程无法满足客户交期而发生的瓶颈。

第二节
订单交期管理控制

一名优秀的班组长如何保证客户交期?关键在于保证生产计划的顺利执行和控制生产进度，这是班组长必须具备的管控能力。

一、了解、分析月度生产计划

月度生产计划是企业内部生产管理部门对一个月内需要生产的客户订单的统筹安排。班组长要想做好交期管理控制，必须提前了解月度生产计划，要确认本车间生产班组与月度生产计划的相关内容，根据班组实际生产负荷能力评估是否能够满足月度生产计划的需求，并进行分析和评估，如有疑虑须及时做好记录并和上级沟通反映。客户订单的交期确定性包括新产品的产前筹备、常规产品生产量的变化及与生产负荷能力的冲突等，这些都是班组长要考虑的。

通常，生产管理部门会有一个评估，结合各车间班组的生产负荷进行调整。因此，班组长对于相对负荷相等的情况下，可以确定月度生产计划的顺利进行并做好生产要素的统筹规划。如有新产品需要试产，应提前做好相关产品在工程资料、物料、辅料、工装夹具、机器设备方面的计划安排；如属于常规产品生产或批量生产，班组长应及时回复生产管理部门或上级，按照月度生产计划进行。

二、如何制订周生产计划

周生产计划是车间班组长根据上级或生产管理部门编制的月度生产计划进行分解后，由车间班组方面制订的生产作业计划。

周生产计划反映了本班组在一周内的生产工作任务，包括上周未完成的生产工作事项，即本周要生产的工作任务，同时也是班组长实施生产派工和督促本班组按部就班开展各项工作的依据。

1. 周生产计划及实施

班组周生产计划是月度生产计划分解出的一部分，班组长要掌握周生产计划的实施要点和主要内容，班组周生产计划一般涵盖生产七大要素，具体内容如表 10-2 所示。

表 10-2　周生产计划

序号	计划内容	具体描述
1	产品工程资料	如产品相关生产所需的检验标准、工艺流程图、作业指导书、相关图纸、BOM 表、产品结构图等相关文件资料的确认
2	人力资源配置	根据现有的生产人力是否满足下周生产负荷需求，确定是否需要上报协调或补充
3	订单交期确认	订单交期的最终确认，降低客户交期变更的可能性
4	确认物料计划	相关生产物料是否落实，避免出现因物料方面的不确定性造成停工待料而引起的生产切换
5	机器设备计划	下周生产计划所需的机器设备、工具、仪器、工装夹具是否满足生产需求、是否需求上报协调或补充
6	生产环境	目前的生产环境是否可以满足客户产品的生产需求
7	库存情况	及时了解库存情况，避免出现再生产时的库存积压或停工待料

（1）制订周生产计划的内容。

制订周生产计划必须把在上周遗留的生产任务收尾情况与本周需

要生产的任务指标相结合，评估分析存在的不确定生产变更因素，特别是要考虑到影响周生产计划的制约因素，做好预案，保证生产计划的顺利进行。

（2）制订周生产计划准备。

班组长在实施周生产计划时，必须考虑周期性因素和生产派工的稳定性，避免出现生产过程劳逸不均或不衔接的情况，班组长需要做好以下准备工作。

① 进一步确认生产周计划的可行性和适应性，除非出现特殊情况的生产变更，生产要素必须提前安排妥当，避免出现生产派工后的异常变更。

② 强化班组周生产计划的执行性，将生产任务指标分解、派工落实到各机台或工作小组。

③ 统筹分析生产要素，消除可能出现对周生产计划不利的因素，如生产物料到位不及时、人员缺勤、生产环境变更、工艺变更、设备添置或维修、仪器不足等。

④ 制订异常应急预案，一旦出现无法正常生产的意外情况，及时上报或安排产品切换。

2. 执行周生产计划

周生产计划是指导班组成员生产作业的依据，周生产计划签署后必须绝对执行，班组长在执行时应做好以下管理。

① 生产计划的执行结果是班组长填写当日生产日报表的依据。

② 没有达到生产定额数量时，应及时采取应急措施，及时上报安排加班生产或协调增加设备、申请人力支持等措施，保证生产定额数量的完成。

③ 如超额完成生产定额须上报生产管理部门或上级，如提前生产三周内生产系统的产品机种时。

④ 周生产计划在签署审批后，必须保持严肃性和权威性，保证客户订单交货期，必须严格执行，如未完成要承担连带责任。

⑤ 根据车间班组的定员定额标准，合理设定每时、每日生产定额数据标准，便于做好跟踪控制。

三、生产负荷、产能分析

生产负荷及产能分析是指对车间班组生产能力的总和评估，一般指生产组织对生产实际产值的一个评估标准，即对分析生产流程、装备负荷能力、生产人力负荷能力，场地负荷能力等进行分析归纳。

生产班组将生产标准定额与实际生产负荷能力进行分析、比较并加以调整以取得均衡生产，从而保证生产计划的切实可行。生产负荷及产能分析是制订生产计划的重要方法，容不得半点忽视。生产负荷、产能分析一般包括人力、技术、设备等方面。

1. 生产负荷分析内容

生产负荷分析以生产计划为前提，着重关注相关人力、机器设备、工艺等方面内容，一般有以下几方面。

① 将要生产哪些订单或产品，出货交期是什么时候，生产进度如何控制?

② 目前的技术能力是否能够满足客户订单产品的技术要求?

③ 完成客户订单需要哪些生产机器、设备、工具仪器，目前是否符合生产需求及如何解决?

④ 完成客户订单需要多少人力，目前人力是否能够满足订单生产的需求，若不能满足如何解决?

⑤ 完成客户订单的生产需要什么物料或辅料，过程损耗如何计算和控制，如何规划生产物料及追踪?

⑥ 目前生产环境是否能够满足客户订单的生产要求，若不符合如何解决？

⑦ 生产班组及仓库是否能够满足物料、半成品或产品的储存或周转，若不能如何协调解决？

2. 生产技术能力分析

班组长根据生产计划和生产技术比较，分析查找存在的差距并及时制定解决方案或有效措施，保证生产计划的顺利进行。

① 明确产品机种或类别，包括对工艺流程或生产工序进行综合分析，了解是否能够按照客户订单要求实施生产安排。

② 产品制造工序作业控制与生产技术的分析是否符合产品要求，若不能符合如何解决或上报处理？

③ 目前的工艺技术与客户产品工艺有多少差距，如何改进或解决？

3. 生产人力负荷分析

生产人力负荷分析是对现有生产人员是否满足生产订单所需人力的过程。

（1）计算人力需求。

依据客户订单或生产计划，及时针对将要生产的产品数量和作业时间标准，计算出产品生产所需的人力，再将所需人力进行综合分析，核算完成生产计划总人力需求，如表 10-3 所示。

表 10-3　计算人力需求

产品名称 / 核算项目	生产计划							备注
	A 产品	B 产品	C 产品	D 产品	E 产品	F 产品	G 产品	
标准工时								
计划产量								
标准总工时								

续表

产品名称 / 核算项目	生产计划							备注
	A产品	B产品	C产品	D产品	E产品	F产品	G产品	
每人月度总工时								
人员宽松率								
总人力需求								
其他								

注：①标准总工时 = 计划产量 × 标准工时

②每人每月工时 = 每人每月工作天数 × 每人每天工作时数

③总人力需求 = 标准总工时 ÷ 每人每月工时 ×（1+ 人员宽松率）

④人员宽松率表示后备机动人力，通常是指以备缺勤人员的协调人力，通常范围在 10% ~ 15%

（2）人力不足的解决方法。

生产人力不足的解决方法一般有人力招聘补充、调整生产负荷、借调人力、外协支援和雇用临时员工这五种。

① 人力招聘补充是指通过向人力资源部门申请人力需求招聘以补充人力不足。

② 调整生产负荷是指在及时上报后调整生产负荷，如延长每日工作时间（加班）或利用节假日来解决人力不足的情况。

③ 借调人力是指向其他车间班组借调人力以解决人力不足的情况。

④ 外协支援指将加工生产的部分零件和半成品交由外部生产单位协助生产，解决人力不足的情况。

⑤ 在某种情况下，可以与外部劳务派遣单位合作或雇用临时员工来弥补人力短缺的情况。

（3）生产设备负荷分析。

生产设备负荷分析是指设备在规定生产条件下和一定时间内生产某种产品的最大能力。为了保证生产进度和达成预计生产计划目标，班组长应做好设备负荷分析。

① 依据生产计划和完成生产的产品机种所需要的相关设备，如注塑机、冲压机、电焊机等。

② 每台设备的实际产能负荷计算如表 10-4 所示。

表 10-4 每台设备的实际产能负荷计算

设备计算	计算公式
单台设备产能计算	生产作业时间 ÷ 单位产品标准时间
所有设备产能计算	总生产时间 ÷ 总标准时间 × 设备台数 × 开机率
每日应生产数量	每种设备的合计计划生产数 ÷ 计划生产日期

四、紧急订单的处理

生产班组在执行生产计划过程中会经常接到各种计划外的客户订单。紧急订单是指需要改变原生产计划安排而产生的先行生产制造并优先出货的生产任务。由于紧急订单出货时间无法确定、货期紧迫，班组长在生产安排时必须认真协调处理，一般来说，穿插的紧急订单会打乱原工作计划安排，为了保持原计划和穿插紧急订单的协调，班组长应掌握紧急订单的处理方法。

1. 紧急订单的特点

由于紧急订单出货时间的特殊性，会影响原生产计划的工作安排，紧急订单有以下几个主要特点。

① 出货时间紧迫，缺乏评审过程。

② 由于穿插订单的紧急性和特殊性，相关工程资料或机器设备可能出现不到位的情况。

③ 有可能在完成生产任务后直接装柜发货，减少产品入库环节。

④ 生产过程中直接完成产品的检验和测试。

⑤ 对于物料品质，需要在生产过程中完成检验控制。

2. 紧急订单处理方法

班组长在接到紧急订单生产任务后，应结合实际情况及时调整原生产计划并结合生产负荷能力制订紧急生产作业计划，处理紧急订单生产作业计划包括以下两方面。

（1）处理方法。

① 进一步明确订单生产任务的紧急程度，与原来的周计划进行协调安排生产。

② 根据订单紧急程度合理安排生产。

③ 及时上报安排生产加班、轮班和放弃休假时间，加急安排紧急订单的生产。

④ 随时掌握生产信息、跟踪控制生产进度，保证生产效率。

（2）处理措施。

① 委派专人跟踪紧急订单的生产进度并协调生产过程中出现的瓶颈，随时掌握具体的生产进度。

② 外协生产，将部分生产任务进行外协生产支持并跟踪生产进度、产品质量和交期。

③ 外购装配，将安排生产的相关零部件进行集中外购后统一装配，全面压缩生产周期，从而保证客户交期。

④ 紧急支援，请求其他班组支援生产加工相关紧急作业的半成品，保证生产交期。

⑤ 利用库存，及时沟通，调出原库存半成品、成品，减少紧急生产任务的工作量，保证生产交期。

⑥ 调整暂缓，及时调整生产计划，按照紧急顺序暂缓其他生产加工任务，优先保证紧急订单的生产。

五、生产进度控制

通常，经评估确定紧急客户订单生产顺序后，班组长应及时做好紧急订单生产的计划安排，保证紧急订单交期管理控制。班组长应全面做好过程控制，保证生产进度。

1. 确定生产交期目标

紧急生产订单交期的首要任务就是确定班组生产目标，让所有班组成员明确目前的紧急工作任务，做好目标宣导，全员进入紧急生产任务工作状态，提升团队士气和工作积极性。

2. 生产过程控制

生产过程控制的核心就是保证每日、每时的生产工作效率达到预期的生产目标，班组长应强化过程监督，随时了解生产数据的动态。班组长应对过程控制做好以下几点。

① 保证生产备料和周转的及时性，确保生产物料进出平衡，避免出现物料不到位的情况，从而影响生产进度。

② 保证生产线第一工序工作标准，数量定额是连续均衡生产的关键，避免出现过程堆积或生产断线的情况。

③ 明确公布生产班组每小时必须完成的计划目标，进行数据信息标准化，如每小时计划标准产量是多少。

④ 班组长随时查看掌握实际生产进度数据，若达到每小时生产数量标准属于正常均衡生产，若没有达到应及时分析并查找原因，及时采取有效措施保持生产进度。

3. 生产进度控制

生产进度控制是指班组长对生产过程进场监督检查，及时发现进度异常并采取纠正措施，保证生产进度达到生产计划要求。

（1）生产进度控制方法。

生产进度控制方法有车间班组看板管理、每日作业报表、现场巡查三种，一般根据企业实际情况选择追踪管理，如图 10-1 所示。

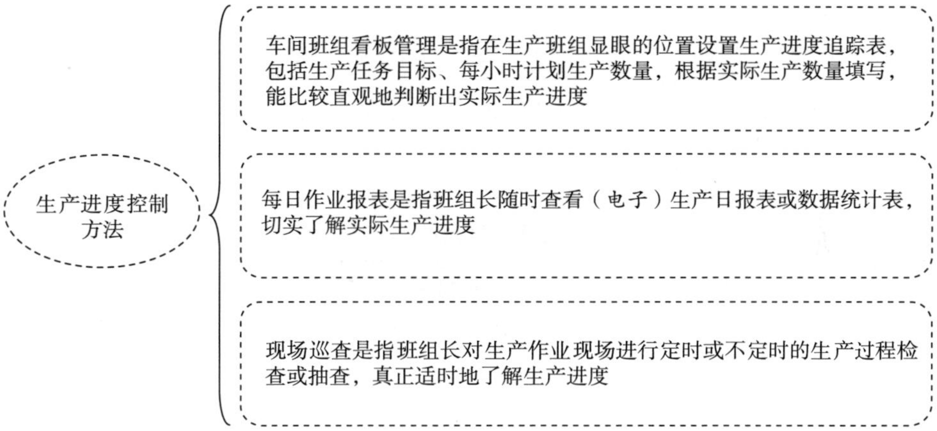

图 10-1　生产进度控制方法

（2）生产进度差距处理。

经常出现的无法按照生产进度目标生产的情况，班组长应及时采取有效措施应对生产进度的差距，保持生产进度和交期控制。

① 及时向上级报告安排加班、连班和轮班，增加生产作业时间。

② 寻求其他班组支援加工生产零件或半成品，增加生产力量。

③ 借调人员支援生产，增加人力支援生产。

④ 外协加工，集中精力增加外协生产紧急订单的生产任务。

（3）生产进度异常改善。

在紧急订单生产过程中，班组长应随时掌握生产进度、物料供应、工艺异常、设备故障、其他异常等的信息处理和过程控制。一旦出现生产异常就会导致生产计划延误，班组长必须掌握生产进度异常改善方法。

1）及时查看并掌握生产异常。

对于紧急订单生产任务，班组长必须随时检查生产线各工序的生产状况，及时发现有可能导致生产计划延误的各种现象，可以定时或不定时检查生产线的均衡生产、物料质量、设备运转、工序操作等，也可通过班组生产看板记录数据或生产线质量检验控制点仔细检查，及时了解出现生产异常的可能性。

2）生产异常处置改善。

生产异常是班组生产活动出现的非正常现象，班组长应及时处置生产异常或向上级寻求支援解决，保证生产计划的顺利进行，生产异常及改善方法和措施如表 10-5 所示。

表 10-5　生产异常及改善方法和措施

序号	生产异常	改善方法和措施
1	计划变更异常	① 立即启动生产计划应急预案，紧急调整生产计划安排，保证正常生产 ② 紧急调换产品机种和物料领料筹备，进行生产安排和快速切换机种生产 ③ 立即安排物料人员将暂时不在生产的物料、半成品、零部件退仓处理
2	品质异常	① 生产过程发生异常应紧急调查处理，若问题严重及时向上级反映汇报 ② 同时将生产异常情况紧急知会生产部、研发部、工程技术部、品质部，寻求解决方法 ③ 积极协助异常处理和改善措施的实施，若异常得以解决可正常生产，暂时不能解决时应及时调整生产作业计划
3	物料异常	① 物料异常应在至少四个小时之前及时向有关物料部门进行追踪并了解情况，之后向上级反映 ② 如物料异常属于暂时性，则根据实际情况做加工调整；如果不能及时确定处理时间，则立即按照生产计划应急预案调整生产任务
4	设备异常	① 设备异常时应及时知会设备部紧急解决处理 ② 如在短时间内无法解决设备异常，应考虑调换生产设备或寻找其他代替处理措施 ③ 启动生产计划应急预案，快速切换产品机种
5	产品工艺异常	① 产品工艺出现异常时须及时向上级汇报并通知研发部或技术部紧急处理 ② 立即填写产品工艺异常改善通知书 ③ 如不能及时解决产品工艺异常，则报告上级或生产管理部门，立即切换产品机种

续表

序号	生产异常	改善方法和措施
6	进度延误异常	① 及时向上级反映并寻求支持，由技术部改进生产工作方法，加快生产效率，保证生产进度 ② 对瓶颈工序环节进行借调或另增补加工作业，保持生产进度均衡
7	电力异常	① 及时上报主管并反映停电可能会造成的损失 ② 紧急知会行政部、后勤部工作人员及时跟踪处理 ③ 生产人员的调动安排

六、工作业绩评估与改善

在执行班组作业计划时，班组长必须随时掌握班组生产进度信息和生产业绩情况。发现存在影响生产进度的各工段岗位后，班组长须及时与员工进行沟通并了解情况，给予班组成员工作改善建议和业务指导，确保班组工作目标的顺利达成。

1. 经常巡查生产过程，及时掌握班组成员的业绩状态

班组长应做好日常生产线巡查，随时了解并掌握班组员工的工作业绩，包括产品质量、生产效率、安全操作等，有助于班组长有针对性地进行工作指导。班组长在巡查生产过程中的要点如图 10-2 所示。

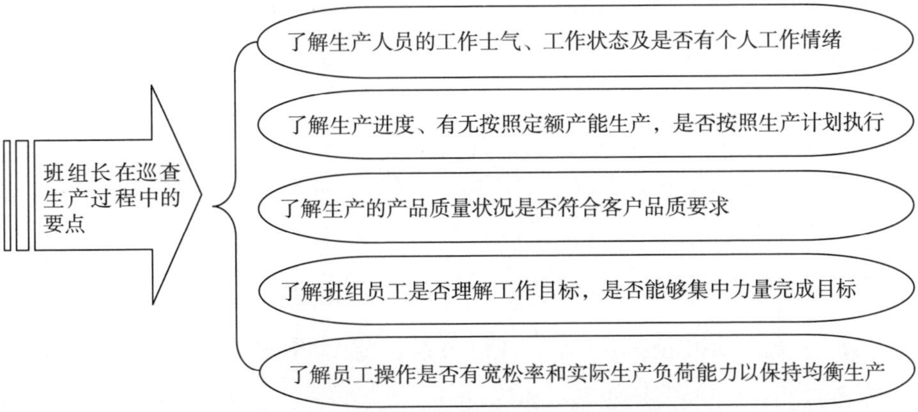

图 10-2　班组长在巡查生产过程中的要点

2. 业绩评价与指导

班组长应全面掌握各工段的实际工作业绩，并及时给予评估及评价，针对工段产生的异常给予适当的工作改善建议或建设性的意见。班组长在评价各工段的业绩时，应保持以下五项基本原则。

（1）业绩评价原则。

班组长在对班组成员工作业绩做出评价时，应采取不同的业绩评价方法和遵循以下原则进行。

① 对事不对人。

② 指导意见及时性。

③ 过程要客观求实。

④ 结果应具体化。

⑤ 应结合目标。

（2）业绩指导原则。

班组长工作指导应以提升目标为导向、以激励为方法、以改善意见为措施，工作指导结合实际工作状况应把握一个“度”，让员工感觉到班组长的工作关怀和工作支持，应遵循以下原则进行。

① 以班组目标为导向。

② 以工作支持提升个人业绩。

③ 把握分寸、保持一个“度”。

④ 以激励为方法。

（3）业绩面谈。

业绩面谈是指班组长在班组成员工作业绩发生较大的差距时，针对业绩差距及时了解情况并帮助员工找到发生差距的原因和解决问题的方法和措施，让员工增强信心，保持工作动力，改善工作业绩。同时，班组长必须准备好与员工进行业绩沟通的相关内容，以达到预期的沟通目的。

① 以温馨的方式开场，向员工了解近期的思想情况或想法，便于更好地切入面谈。

② 让员工表述对自己工作业绩的评价，并说出业绩与班组团队目标的差距。

③ 是什么情况影响了工作业绩，或者有哪些不利于业绩改善的因素?

④ 面对目前的情况，采取什么方法或措施来改进业绩不佳的情境?

⑤ 班组长可以提出一些建设性的改善意见或方法，帮助员工提升工作业绩，特别是具体行动方案的支持。

⑥ 工作中业绩目标出现偏差时，如何采取有效方法控制和保障个人?

11 CHAPTER

第十一章

班组长与现场管理及改善活动

第一节
现场管理的目标——持续改善

> 丰田生产方式的本质是丰田管理的全部，是丰田独特的企业文化；而丰田企业文化中最核心、贯穿始终的却是一种非常简单的精髓，即永不停步地“持续改善”。

对企业来说，现场就是制造产品和提供服务的地方。生产现场管理水平的高低直接影响着企业的产能效益和市场竞争力。现场的质量控制是保证质量的核心，只有现场改善才是产生利益最有效的管理方式，同时现场不仅是改善活动发生的场所，还是所有信息的来源。因此，在解决生产异常与实施现场改善活动时，企业管理者必须密切了解生产现场的实际状态。换句话说，无论决策层给予什么样的支持，都应该出于对生产现场的特定需求考虑，企业高层应遵循“现场、现物、现实”原则，这是企业管理者必须遵循的基本原则。

总之，现场管理的目的就是通过现场的不断改善提高企业赢利的能力。

一、关注现场

1.“现场、现物、现实”的三现法

对现场的不断改善是现代生产工厂的管理方针。“三现法”是指在现场发现问题时，应做到三个“即刻”：即刻前往现场、即刻了解现场情况、即刻处理现场问题。三现法体现了对现场的关注和改善的精益思想，在推行精益生产的工厂中被广泛应用。“现场”是制造输出产品和提供服务的场所，是班组长主要工作的“战场”。“现物”是工厂输出服务客户需求的产品，可能是一套不合格的产品或一件被损坏的工具；现场管理对“现物”的管理要点是“控制”。“现实”是指在现场对现物进行符合实际的分析并解决所发生的问题。要求班组长必须以现场的实际情况为基础，若管理工作脱离实际情况，所谓的现场改善就是一句空话；没有掌握现场实际情况，就没有发言权。

三现法强调了对现场管理者的要求：即刻到现场，针对现物分析并解决问题。问题发生时，解决问题的地点应该是现场，而不是办公室和会议室。

2. 解决现场问题的“金科玉律”

班组长解决现场问题时应遵循以下步骤，是解决现场问题的“金科玉律”。

① 问题发生时必须第一时间到现场；

② 在现场检查分析与掌握现状；

③ 在现场立即采取临时应急处置措施；

④ 组织分析原因并找出改善对策；

⑤ 巩固成果，形成标准化。

二、现场维持与改善

1. 班组长现场管理的维持与改善职能

班组长现场管理工作有两个主要职能：改善与维持。改善是指发现问题、调查原因并加以解决，形成更好的标准规范，持续不断地改进工作方法。维持是指保持现有技术管理与作业标准的活动，以及为保持这些标准所需的训练和纪律。

① 在发生、发现问题时，必须做出分析与改善；

② 在实施改善对策后，将生产作业予以标准化及维护改善成果。

2. 班组长对现场管理的 SDCA 循环与 PDCA 循环

（1）SDCA 循环。

SDCA 循环对应维持活动。任何一个新的工作流程在初期都呈现不稳定的状态，稳定现有流程就需要执行 SDCA 循环，即标准化（Standard）—执行（Do）—检查（Check）—处置（Action）。SDCA 循环如图 11-1 所示。

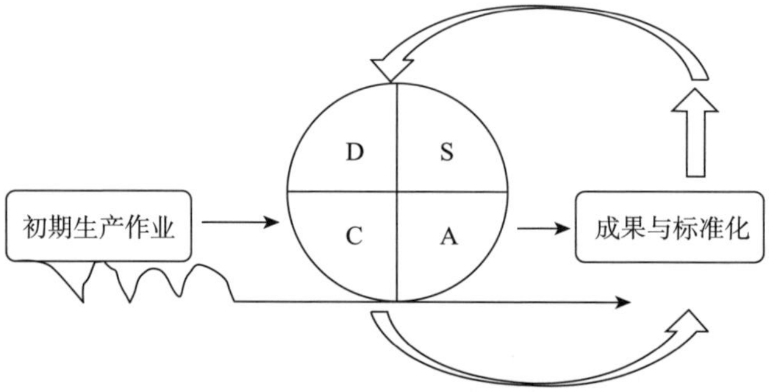

图 11-1　SDCA 循环

制定标准是为了规范生产作业过程。标准化管理是企业对管理系统和技术经验的概括和总结，是经过实践证明的目前最有效的做事方法。

在生产过程中，如果没有作业标准，那么每一个人操作相同岗位的结果都是不同的。因此，没有标准就要制定标准，让员工按照最佳的工作方法做事，确保工作过程处于受控状态。

由此可以得出结论，SDCA 循环是一个制定和完善标准的过程。从生产流程来分析，当生产现场出现异常情况时，要对异常问题进行分析，找出有效的对策并制定标准及实施，预防问题的再次发生。

在生产活动中，只要发生异常情况时，我们就要思考以下几个问题。

① 是否因为没有制定标准而发生？这样的异常并非偶然。

② 是否因为没有遵守标准化而发生？这样的异常需要监督。

③ 是否因为标准不合理而发生？这些需要及时优化作业标准。

通过以上问题不难看出：对于建立的作业标准化，只有正确地执行和遵守才能取得最佳的工作效果。换句话说，作业标准化体现了当前的管理和技术水平，但所建立的标准也并非是一成不变的，所以说我们要把标准作为管理体系的基础，而生产改善是一个过程，这就需要遵循另一个循环——PDCA 循环。

（2）PDCA 循环。

PDCA 循环对应改善活动。工作标准既然是对管理体系和技术经验的概括和总结，管理标准就体现了企业工厂的管理水准。生产改善是对现状的一种创新与突破，需要在掌握现状的基础上进行。

① 在 SDCA 循环对标准的维持，充分掌握生产现状，为下一步实施改善提供数据支持。

② 在实施改善前，先设定改善目标，没有目标的改善就是“眉毛胡子一把抓”。

③ 所有的改善活动需要遵循的是 PDCA 循环，即计划（Plan）—执行（DO）—检查（Check）—处置（Action），如图 11-2 所示。通过 PDCA 循环，生产过程管理和技术水平得到持续改善。

PDCA 循环是突破标准的过程，即当管理过程不能得到工作效果的期望时，就产生了改善的动机。例如，首先制订改善计划（Plan），确定改善的目的、目标、工作内容、改善人员、完成时间，以及得到改善目标的评价方法和标准；接下来就是如何执行（Do）；过程中检查（Check）其执行情况，若发生偏差立即进行纠偏处理；在完成改善后还要进行总结，制定工作标准并加以推广，这就是处置（Action）。

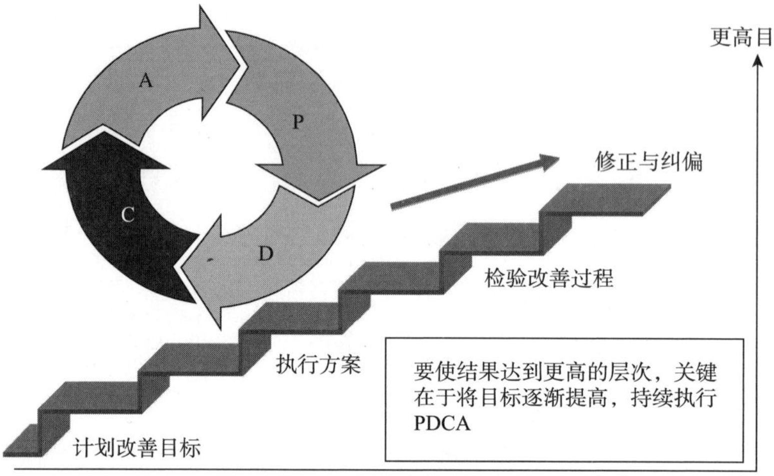

图 11-2　PDCA 循环

在这两个循环的最后一个阶段，行动是指工作的标准化和稳定化，标准化与每个人的工作密不可分，不仅仅是保证质量的最好方法，也是在工作上节省成本的最佳方式。

假如企业计划提高产能，那么最佳的方式就是充分利用现有的资源来配合需求。为了达到设定的目标，班组长就必须改变过程中的方法，通过改善活动来提升现行标准。在此阶段，企业基本完成了由“维持”到“改善”的阶段性发展。只要推动改善工作，就要建立一个崭新的高目标——即标准。PDCA 与 SDCA 联用如图 11-3 所示。

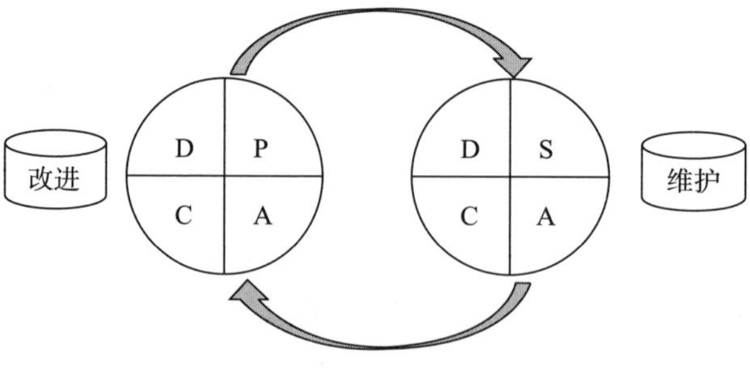

图 11-3　PDCA 与 SDCA 联用

第二节
班组长与课题改善管理

> 企业经营是日新月异的，绝不可以守旧，必须适应时代、向前迈进。所以，多元化经营可以存在，只是原则上应遵循专业化。

一、何为课题改善管理

为了实现 QCDS 生产经营目标，班组长需要每天正确地管理各种不同的资源，如人力、财力、物力、设备、信息等。在生产管理活动中，一旦有问题或发生不正常的现象时，班组长必须加以调查分析，找出问题的根源并修正现行标准，或者通过改善防止问题的再次发生。课题改善已经成为生产管理的重要部分，也是日常改进的基础。

课题改善是企业管理者组织员工形成小组的形式，对生产过程中的效率、质量、成本等方面存在的问题的一种现场改善管理方法。若能正确加以应用，改善不需要巨大的投资，也不需要引进新技术，就可以改进产品质量，有效地消减成本。班组长组织开展课题改善管理的目的是通过发挥员工的积极性和创造性，通过团队协作形式来解决生产过程存在的问题。课题改善管理既强调了企业的经营意愿，又强调了员工的积极性。课题改善管理是班组长根据现有标准进行分析后，对班组成员进行自愿参与改善活动的一种形式。

班组长推动课题改善活动主要包括对课题改善的宣传、鼓励及实施等内容，其本质是对车间班组骨干人才的培养，以及对异常问题的全面改善。遵循确定改善的系统与机制后不会随意变动的原则，从而进一步促进了扩大改善的幅度与深度，将这种螺旋式上升的过程融进企业的经营中更是企业改善的意义所在。改善宣传是为了激发全员参与到活动中来，通过有效的宣传和鼓励方法定期召开改善成果专项会议，并对优秀的改善成果进行表彰和奖励，这是典型的组织支持班组课题改善的推进工作。确切地说，生产改善是推动生产效益提升的一种脚踏实地的解决方法。

改善小组因课题的提出而组成，也随着课题的完成而解散，是一个临时组织起来的团队。也有企业建立长期性的改善小组，将日常收集到的相关问题信息汇总，由改善小组逐项实施改善。现在有不少企业为了强化改善活动的规范管理，成立了“改善委员会”，改善组织跨越了各个职能部门和它们之间的界限，如研发工程生产、销售品质等，并且制定出明确的改善流程和改善规则，目的是将工厂的改善活动系统化。因为他们认为：生产问题随时都可能再发生，能够将车间骨干人员有机地组织起来并实施改善管理，无疑是落实全员参与改善的一种有力举措。

改善小组应具备完成课题改善所需要的技术人员，同时可推选一个改善负责人主导并确定改善建议、做出决策、解决冲突和协调人际关系。下面介绍班组长课题改善管理常用的七步法，它是课题改善活动中参与人员应掌握的基本技能。

二、课题改善七步法

1. 七步法的主要内容

班组长课题改善管理常用的七步法包括：选择改善课题、设定改善目标、分析问题原因、制定改善对策、实施改善对策、改善效果确认、效果维持与标准化，如图 11-4 所示。

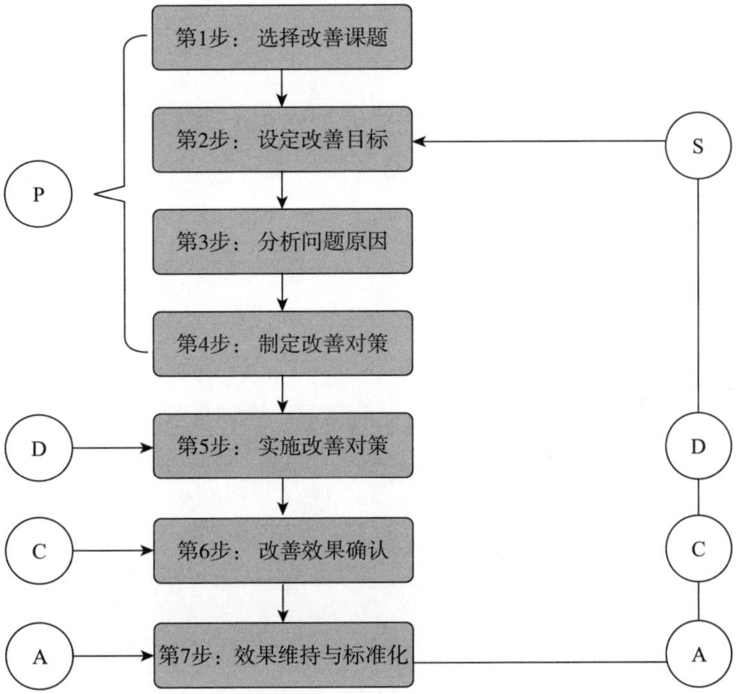

图 11-4 课题改善七步法

2. 七步法的关键要点

（1）选择改善课题。

改善课题一般从以下几个方面选择确认。

① 班组团队的实际值与期望值有差距时。

② 班组团队提出新的挑战目标时。

③ 生产过程存在异常问题时。

④ 客户或公司提出要求时。

⑤ 班组团队领导的个人意志。

（2）设定改善目标。

班组长在设定改善目标时应注意以下几点问题。

① 改善课题数据要量化，难以量化时要加以明确。

② 改善目标的难度要适中，应通过努力改善可以达到。

③ 根据改善目标情况，可分为总体目标和阶段目标。

（3）分析问题原因。

分析问题原因是七步法的重要环节，只有分析出问题原因，才能知道改善对策。分析问题的要点与常用工具如表 11-1 所示。

表 11-1 分析问题的要点与常用工具

明确分析要点	使用工具	工具说明
找出改善课题的真正原因	①直方图 ②鱼骨分析图 ③控制图	①找到出现问题频率高低的分布图； ②通过关联分析找到出现问题的主要原因； ③通过数据统计的时间顺序得出控制线
优先顺序、重要问题界定改善范围	①帕累托分析 ②80/20 定律	帕累托分析按问题的主要程度排序改善重点；80/20 原则：80% 的问题是由 20% 的原因造成的
排列划定存在的原因	①鱼骨分析图 ②头脑风暴法	①实施逐一排查，确定真因； ②头脑风暴法是一种强化动机和创造联想条件，并且产生大量设想的方法
因果关系分析	散布图	①通过问题形成的数据点描述与另一个特征值的关系； ②对比分析两者之间的因果关系
说明：对于分析问题的常用工具，仅作参考，目的是将问题点转换为数据，以支持改善行动		

（4）制定改善对策。

明确问题并制定改善对策，应用改善技术和管理经验以解决问题。改善对策通常以改善计划的形式提出，改善计划主要包括以下内容。

① 制订改善课题的若干个对策方案。

② 明确改善方案的负责人、协作人、完善时间、完成要求等。

③ 明确具体实施的工作内容等。

（5）实施改善对策。

根据改善方案的实施要求，由改善小组相关负责人组织和推动实施方案。

（6）改善效果确认。

改善效果确认包括方案实施过程中的方法检查确认和改善后的最终效果确认。改善课题实施过程中应做好检查与确认，以确保改善方案的推进，以及出现偏差时及时纠偏控制。最终效果确认一般包括以下内容。

① 收集汇总实施改善方案后的效果数据。

② 将改善过程的数据进行分析，找出因果之间的关联性。

③ 对比分析改善前后的效果，不断提高改善工作的分析与综合能力。

（7）效果维持与标准化。

确认实施改善方案产生的效果并持续执行，具体有以下三方面。

① 总结改善成果并在企业进行全面交流和推广。

② 将改善方案的实施方法形成标准。

③ 针对后续其他关联性问题进一步改善跟踪。

三、推行班组改善活动的管理体系

班组长推行改善活动，不仅需要将公司各部门与各车间的活动进行灵活整合，还需要将改善活动创建成一种创新的改善管理体系，更要通过改善管理的知识技能进行团队协作，达到预期的改善目标。

（1）建立改善提案管理机制。

班组长推行生产改善管理活动，首先要建立提案管理体系和管理制度，必须以班组骨干人员为导向，旨在强调由班组员工的积极参与带来的团队士气。通过宣传、鼓励员工提供可行性的建议或意见，激发员工参与改善的热情，让实施改善的过程管理都能得到管理体系的支持。

（2）数据支持。

生产改善管理旨在解决生产过程中存在的各种异常问题。要想取得实质性的改善成果，首先，要做到正确地识别分析问题，找到问题的真因；其次，汇总收集和分析相关的数据。否则在缺少数据的情况下解决任何问题，就相当于仅仅凭着自我感觉行事，绝对不是一个规范或科学的改善方法。

（3）质量控制。

班组长的所有管理活动都是围绕 QCDS 进行的，在产品质量、成本管控和产品交付等工作职能方面，产品质量控制是第一要素。否则哪怕生产成本再低、交期再短，如果企业交付给客户的产品的质量有瑕疵，公司所输出的产品也不可能赢得竞争。

（4）班组活动。

改善管理包含生产系统的任何一个班组活动，在生产现场班组改善活动中最具代表性、最为普及的改善小组是 QCC 小组。由于 QCC 改善小组成员均是来自各部门、车间的核心骨干人员，都具有一定的特长与优点，甚至是班组“多能工”技术骨干。因此，改善小组涉及的问题不局限于质量改善，同时，也把成本改善、效率提升和安全等方面都纳入了班组改善小组的工作范围。

（5）现场与改善。

在制造工厂，“现场”是指为客户制造输出产品或提供服务的地方。每当现场出现问题时，班组长都应立即组织改善小组找出问题的根源，及时推动现场改善活动，并获得改善成果以解决问题。

班组长要想获得改善管理的成效，就必须将班组管理工作目标设定为以“超越客户的期望、满足客户需求”为导向，这样企业在激烈的竞争中才能得以生存。

（6）改善与尽善尽美。

班组长推动改善管理活动的目的是更好地服务市场和客户，班组长必须知道企业在经营活动中哪些方面最需要加以改进。这些就是班组长所管理负责的 QCDS 职能目标，即质量、交付、成本、安全管理目标。由于 QCDS 改善活动跨越了企业各部门，所以不仅要为客户提供满意的产品，更要不断地实施持续的改善，去发现被客户拉动的价值，促进企业的生产管理系统体现得更加尽善尽美。

第三节
提案改善活动

制定公司提案制度的目的是让班组团队成员积极参与到生产管理活动中来，集思广益，通过改善制度体系更好地改善生产过程，即全员参与管理和奖励改善。

一、推行改善提案的意义与作用

班组长的主要工作职责是组织员工并指导其完成生产计划，达成生产目标。作为一名班组长，并不需要亲自去“干活”，而是在遇到问题时，凝聚班组团队力量与众人智慧去发现问题、解决问题。

1. 何为提案改善活动

改善活动是企业管理者鼓励全员积极发现生产活动中存在的问题，并通过自主解决或对解决方法提出建议的一种现场改善管理方法。课题改善活动是由班组改善小组来解决问题，而提案改善活动则是鼓励班组团队成员去发现问题和不断改善作业活动。提案改善活动的特点是企业全员参与，激发、鼓励全体员工来关注企业在生产活动中存在的问题。

我们在为企业做咨询辅导时发现，有的客户企业虽然在组织开展提案改善活动（有的企业将提案改善活动改为合理化建议管理制度），建立了鼓励员工提出建议的管理制度，却没有收到预期的效果。企业开展体验活动的目的是营造一种员工积极参与企业发展、关心企业成长的良好氛围，这一点是企业在开展改善活动之前应该明确的。但是班组长应正确理解改善管理的意义，只要员工积极提出提案并自主改善工作，车间班组长就达到了开展这项工作的目的。而班组长不应一开始就盘算着员工的提案，以及能够完成多少生产任务，也不要因活动出现一些问题而怀疑活动本身的价值和意义。

班组员工提案除了具有自我改善工作和为班组团队“出点子”的作用之外，还有利于克服惰性，保持生产班组团队的士气与活力。在提案改善活动中，员工会以提案的形式提出问题，要求公司各级管理人员加以解决或给予答复，这对于生产部门的工作起到了一个监督和促进的作用。

2. 如何激发下属参与改善管理

松下幸之助非常重视利用下属的智慧，他的用人思想启发和指导了无数的管理者，他的领导观点主要包括以下几个方面。

① 发现、培训与培养班组核心骨干人才。

② 经常鼓励核心员工参与管理，提出改善建议。

③ 关注能够独立思考的员工，并且处理好不同的意见。

④ 激发员工树立主人翁意识，参与班组改善。

改善管理的本质是“人”，因此，作为班组长要树立人才理念，把班组具有特质、优点、特长的核心员工充分地调动起来。这样在生产活动中，班组不仅能够高效完成生产目标，还可以主动对已发生的问题进行分析和提出改善意见，每个下属都非常熟悉自己的岗位，甚至能够举一反三提出自己的看法，或者是提高效率、稳定质量的改善建议。

班组长推动改善管理，一定要善于倾听和广泛接受大家的意见，多和不同的下属沟通、宣导参与班组改善的意义。与下属讨论改善方案时，要给下属畅所欲言、批评指正的机会。他们会提出许多改善建议，甚至会指出你从未留心的生产环节，从而实现全员参与改善管理的目的。

二、建立提案改善制度

提案改善制度奖励并支持改善提议。虽然其制度的结构和实施的方法根据企业的不同会有多种形式，但是就目的而言，都是“全员参与生产改善管理”和“奖励改善”。

1. 改善提案的标准格式

班组在开展提案改善活动时应制定标准的提案格式，这样做不仅为员工提供了提案依据，还有利于规范提案的表达方式，从而提高提案的质量。提案表单供班组员工取用填写，员工要按照提案的标准格式填写或打印。

标准的提案表单最好为一页纸，尽量在一页之中将提案表达清楚，如果需要必要的支持资料可另附说明。提案表单可以不限于一种，要根据不同的需求设计不同的提案表单。提案表单中的内容主要包括改善前存在的问题、改善方法、改善后的效果三个部分，可要求填写人员尽量使用图表和数据表达。

2. 提案内容的评价与奖励

好的改善提案可以为班组团队提高产能效益、保证质量和降低成本，而奖励和表彰是促进改善活动的动力。

（1）对提案的评价。

对提案评价划分等级，以对员工进行表彰和奖励。提案等级的设置可细致一些，一般在 3 ~ 5 级为宜。提案评价要求考察以下内容。

① 方案改善带来的效果，即对班组生产活动产生哪些改善效果，如生产效率提高多少？质量提升多少？降低多少成本？

② 方案可推广的范围。该方案无论是本班组还是全厂均可应用推广。

③ 方案的独创性。该方案的改善效果具有创新价值，例如该方案不仅可以提升工作效率，还可以进行知识产权申报。

④ 方案的努力程度。该方案虽说有改善效果，但是需要评价投入的程度是否可以使改善价值达到最大化。

⑤ 方案表现法。通过对方案的实施，明确是以怎样的表现方式展现出改善效果，这样做是为了鼓励员工准确表达思想并正确书写提案。

班组长对改善方案的最终评价就是改善效果。评价改善效果可分为有形效果和无形效果两个方面。有形效果是只可以用金额价值衡量为团队创造或节省的资金，资金越多，有形效果越好，尽量将改善效果以金额来加以量化。

（2）对提案的奖励。

根据体验提案评价的等级给予提案人不同的表彰和奖励，对于积极性的改善和产生效益的提案应给予表彰，以鼓励并激发更多的班组员工参与到改善活动中。对评价较高的提案给予不同金额的奖励，奖金额度大致在几十元到几百元之间。为了避免片面追求提案数量的情况，最低等级提案的奖金会较低。对于有巨大贡献的改善项目，可逐级上报企业最高领导进行特别奖励。

3. 提案交流推广

班组长应重视优秀提案的推广与交流，将优秀的提案上报领导后在企业内广泛推广，组织车间班组员工相互学习，提高发现问题和解决问题的意识和能力，有利于营造提案改善活动的积极氛围。现在企业对产生效果的改善方案的推广与交流有以下三种方式。

（1）公司定期举办改善成果分享会推广交流。

公司每月组织一次改善提案实施成果分享会，即由公司负责人召集相关部门进行学习改善效果的分享与交流。一般是由改善提案的主导者在会上发表分享，将改善成果经验与大家分享。

（2）公司内部刊物发表改善成果分享交流。

以着重介绍改善提案的核心员工的工作感悟、发现问题并思考改善方法及产生的改善成果价值等方式，将改善成果经验介绍分享，从而更加有力激发员工参与改善管理的驱动力。

（3）行业改善成果展示交流分享。

如果改善提案的改善效果非同一般，能够对行业瓶颈实现技术突破时，这样的改善成果分享会就会安排在行业经验分享交流大会上进行展示，这无疑是一种至高的荣誉。

以下是深圳市 ××× 实业有限公司运营改善提案表单，如表 11-2 所示。

表 11-2　深圳市 ××× 实业有限公司运营改善提案表单

年　　月　　日

<table>
<tr><td>改善名称</td><td colspan="4"></td><td>提报部门</td><td></td><td>批准：</td></tr>
<tr><td>改善提案人</td><td></td><td>职务</td><td></td><td>提报时间</td><td></td><td>改善部门或环节</td><td></td></tr>
<tr><td>改善起止时间</td><td colspan="2"></td><td colspan="2">提案评价</td><td colspan="3">非常重要□　重要□　一般性□
其他□</td></tr>
<tr><td colspan="3" rowspan="3">问题点描述或图片：</td><td colspan="2">改善建议：</td><td colspan="3">改善方案：</td></tr>
<tr><td colspan="2" rowspan="2">改善预期效果：</td><td colspan="3">改善效果图片：</td></tr>
<tr><td colspan="3">改善效果评价：</td></tr>
<tr><td>参与改善部门或人员</td><td colspan="5"></td><td colspan="2">主导改善部门或责任人</td></tr>
<tr><td>最终改善效果评价</td><td colspan="7"></td></tr>
</table>

提案申请：　　　　　　　　　审核：　　　　　　　　　批准：

三、让改善活动成为一种班组文化

在辅导企业精益管理项目时，我发现有不少班组长都将改善管理作为一项重要的岗位职能来系统性地推进。在车间生产现场能看到班组长召集班组核心骨干人员，举行改善活动的启动仪式。这样的改善活动有助于鼓励班组员工的团队士气，同时也使员工意识到改善是公司的一项重要活动。因此，班组长在组织实施改善活动时应结合企业的管理制度，将改善管理打造成一种管理文化，它包括以下这六个基本的概念和系统。

（1）改善与管理。

在管理改善的本质方面，管理者的工作有两项主要职能，即维护和改进。维护的职能以维持现行的管理、技术以及操作标准为目的，通过培训来支持现行的标准化管理活动。维护的职能让团队员工执行他们的任务目标，使每一个员工都能够遵守现行的标准操作程序。改进是指以提升现行的标准化为目的的管理活动。一般来说，改进的职能可以分为改善和创新。改善代表着工作中较小的改进，来源于可持续的努力；创新则是指那些大幅度的改进，依靠的是团队、新技术和机械设备及高额投资等。

班组长在持续改善活动中，组织员工沟通、培训、团队合作、广泛参与及自我约束，是一种常识性的和低成本的改进方法。

（2）过程与结果。

过程与结果要求班组长在实施改善过程当中更加关注过程导向的思维，因为想要得到更好的结果必须要有良好的过程。如果没有达到预期的工作结果，那就意味着过程中存在缺陷，班组长必须识别并纠偏过程中发生的错误。同时，班组长实施改善过程强调的是团队协作。

（3）PDCA 与 SDCA。

班组长实施改善过程应通过 PDCA 循环并将其作为改善过程的管理机制，以此来进行维护和改进现场生产工作的主要管理规则。

在现场管理过程当中，凡是刚刚开始的工作都存在不稳定的因素，在开始执行阶段必须通过 SDCA 循环实现稳定化。

（4）质量是改善的第一要素。

班组长的管理工作目标是 QCD，即质量、成本和交付，其中质量永远是放在第一位的。如果输出的产品没有质量保证，那么所有的工作将毫无意义。

（5）通过数据说话。

改善是一个解决问题的过程，想要达到解决问题的目的就必须要正确识别问题，对过程当中所有的相关数据汇总和收集并进行分析，否则班组长的改善工作就毫无价值，没有科学依据。

（6）下道工序就是客户。

在生产现场，所有的生产活动都是由一系列的生产工序组成，每一个工序点都有它的上游和下游，每一道工序往下道工序流转产品时，下道工序应该被当作客户。

第四节
现场改善的金科玉律

> 既然改善的目的是改进，我们必须知道生产过程中哪些方面是最需要改进的；同时，在改善、改进的过程中，班组长该如何提升自己的改善能力……

我在深圳某电池制造企业当车间班组长的时候，善于思考，不断改善生产过程的每一个细节，总结出现场管理改善的理念与心得。我刚开始负责一个点焊小组，由于对工作负责、善于改善，上级领导让我负责裁镍网组、粘胶布组、切片组、拉浆组等小组的管理。每次在进行现场改善的时候，我都有一个很深的感悟：虽然不知道是否会成功，但是会以尝试的心态进行现场改善，其结果大部分都很成功。

在众多现场管理工作中，一些人在很大程度上不愿改变，首要原因就是工作改善会带来改变，脱离以往的舒适感；其次是不知道如何改善，这些故步自封的观念阻碍了自我改善与职业成长的发展空间。

但是，随着时代发展的趋势和市场需求变化带来的契机，社会正在逐步迈进智能制造时代，管理技术也无时不在悄然发生变化，因此，无论曾经多么充分的理由和观念都将被时代抛弃。所以，只要去做、去改善，就会产生效果。

一、改变观念，诠释全新的管理思维，促进工作改善

班组长是一线的直接指挥者，是团队的直接领导，在生产管理活动中不仅是承上启下的沟通者，更是生产活动的改善者。市场和客户的需求在交期管控、生产效率、质量管理、成本管理与安全管理等方面随时发生着变化。班组长应该改变自己一如既往的管理思想，以一种全新的管理思维带领团队完成既定的工作目标。

班组长需要对班组团队管理和现场管理有一个全新的认知，以“取其精华，去其糟粕”的理念来改善工作中的不足，否则如何取得改善效果呢?

二、及时行动，绝无借口

面对任何管理问题，生产班组应立即进入 PDCA 循环管理程序。我们以班组长的角色为例，一起来分析一下。

当确定生产改善目标之后，大家就如何开展、什么时候开展实施改善有不同的观点和想法。有人愿意立刻组织实施分析与改善，也会有管理者提议下次一起实施改善，这时为了保障改善有足够的动力，班组长应立刻组织团队开展改善。

由于改善是提前实施开展的，所以保证了充足的改善时间，如果在改善过程中发现重大问题，完全可以有时间应对各种情况并获得良好的改善效果。

总之，班组长的管理与改善能力在很大程度上取决于他的决心、行动力和执行力，及时行动、没有任何借口更能体现出一个优秀管理者的管理风格。

三、改善管理的“十万个为什么”

实施改善管理绝对不是一下就把问题彻底解决，应深入现场管理，针对任何问题多问一个“问什么”，在追问中寻求更全面、更科学、更彻底的改善措施，让班组团队成员能够举一反三，更加深入地识别和谏言。在班组里面，直率地多问几个“为什么”，有“十万个为什么”的刨根问底精神，直接深入问题的核心本质，那么任何问题都会迎刃而解。

四、改善就是持之以恒

经常有人问我，从事制造业改善管理 20 多年有什么心得体会？通过现场改善，许多班组获得了较大的成就，同时班组长自己的工作能力也得到了提升。

每当生产现场出现异常问题时，如产品退货和客户投诉，班组长就需要找出问题的根源并采取补救措施，并且需要改变工作程序以消除问题。以改善的术语来说，班组长应运营 SDCA 循环（标准化—执行—检查—处置）。由于市场和客户需求的变化，改善对于防止产品各类质量问题的重复发生是绝对必要的，这就是班组长对生产过程永无终点地可持续改善的理念。

五、现场改善就是在现场解决问题

传统的企业管理者习惯坐在办公室召集人员开会，或者在会议室解决问题，这种做法远离了生产现场，无法了解问题的真相。报告的数据可以编造，生产现场才是展现问题的地方，有事实、有数据。所以我的观点是“解决问题唯有依靠生产现场”，脱离生产现场的工作改善是官僚主义。

班组要想达成最佳质量、最短交期、最低成本的企业目标，就要求班组长对现场管理改善有深厚的功底。抓住“现场”的精髓，才能更加有效地实现现场各类活动的改善和改进。

总而言之，为了解决现场发生的各种问题，管理者必须密切了解现场，无论企业管理层提供什么样的协助，都应该出于对现场的特定需求考虑。一旦管理阶层不尊重、不重视现场，就容易出现“拍脑袋”的情况。

12 CHAPTER

第十二章

班组长与现场安全管理

第一节
安全教育培训

企业没有安全保障就无法正常生产经营。因此，班组长必须了解安全管理相关基础知识和安全操作技能，并对员工进行系列安全培训，以提升班组员工的安全意识，保障生产工作顺利进行。

生产现场是企业实现产品价值的工作场所，存在人员、物料、机器设备、电力等方方面面事务的复杂性，生产班组是一个动态作业环节场所，随着生产活动时刻发生着变化或存在安全隐患。因此，班组长要抓好安全生产管理和安全教育培训工作。

一、新进员工三级安全教育培训

三级安全教育培训是指由人力资源部招聘入厂分配的新进员工，必须接受企业、车间、班组不同级别的安全教育，是生产企业安全教育培训的基本形式，包括入职安全知识教育培训、车间安全教育培训、班组岗位操作教育培训及不同特性的新岗位安全教育培训，新进员工必须经过培训合格后方可正式上岗操作。因此，班组长应全面掌握安全教育培训相关内容和安全教育培训工作的实施。

1. 企业厂部安全教育培训的内容

企业厂部安全教育培训主要由安全主任或专职培训主管对新进员工进行入职前的安全教育培训，一般安全培训时间为 4 小时 ~ 16 小时，使用的安全培训教材包括安全图片、宣传册、安全事故案例等，具体内容包括以下几方面。

① 有关生产劳动保护的意义、任务、内容及其重要性，使新进员工树立起“安全第一”和“安全生产人人有责”的思想。

② 介绍企业的安全生产概况，包括企业安全工作发展史、企业生产特点、工厂设备分布情况（重点介绍要害部位、特殊设备的注意事项）。

③ 介绍工厂安全生产组织及相关安全管理职责、安全管理规章制度等。

④ 介绍国务院颁发的《全国职工守则》和《企业员工奖惩条例》，以及企业内设置的各种警告标志和信号装置等。

⑤ 介绍企业典型事故案例和教训，抢险、救灾、救人常识及工伤事故报告程序等。

2. 车间安全教育的主要内容

车间安全教育培训是由车间主管人员负责对新进员工进行相关安全教育培训，具体培训内容包括以下几项。

（1）讲解车间的布局概况。

如车间生产的布局结构、产品、工艺流程及其特点，车间人员结构、安全生产组织状况及活动情况，车间危险区域、有毒有害工种情况，车间劳动保护方面的规章制度和对劳动保护用品的穿戴要求和注意事项，车间事故多发部位、原因、特殊规定和安全要求，介绍车间常见事故，对典型事故案例的剖析，介绍车间安全生产中的好人好事、车间文明生产方面的具体做法和要求。

（2）根据车间的特点介绍安全技术基础知识。

如冷加工车间的特点是金属切削机床多、电气设备多、起重设备多、运输车辆多、各种油类多、生产人员多和生产场地比较拥挤等。机床旋转速度快、力矩大，要教育工人遵守劳动纪律，穿戴好防护用品，小心衣服、发辫被卷进机器，手被旋转的刀具擦伤；在装夹、检查、拆卸、搬运工件，特别是大件时，要防止碰伤、压伤、割伤；调整工夹刀具、测量工件、加油及调整机床速度均须停车进行；擦车时要切断电源并悬挂警告牌，清扫铁屑时不能用手拉，要用钩子钩；工作场地应保持整洁，道路畅通；装砂轮要恰当，附件要符合要求规格，砂轮表面和托架之间的空隙不可过大，操作时不要用力过猛，站立的位置应与砂轮保持一定的距离和角度并戴好防护眼镜；加工超长、超高产品应有安全防护措施等。其他如铸造、锻造和热处理车间、锅炉房、变配电站、危险品仓库、油库等，均应根据各自的特点对新工人进行安全技术知识教育。

（3）介绍车间防火知识。

包括防火的方针，车间易燃易爆品的情况，防火的要害部位及防火的特殊需要，消防用品放置地点，灭火器的性能、使用方法，车间消防组织情况，遇到火险如何处理等。

（4）学习文件及制度。

组织新工人学习安全生产文件和安全操作规程制度，教育新工人应尊敬师父，听从指挥，安全生产。

车间安全教育由车间主任或安全技术人员负责，授课时间一般需要 4 课时 ~ 8 课时。

3. 班组安全教育的主要内容

班组安全教育培训是由班组长结合实际情况对新进员工进行操作岗位的相关安全教育培训，具体培训内容包括以下几方面。

（1）本班组的生产特点、作业环境、危险区域、设备状况、消防设施等。

重点介绍高温、高压、易燃易爆、有毒有害、腐蚀、高空作业等方面可能导致事故发生的危险因素，交代本班组容易出事故的部位和对典型事故案例的剖析。

（2）讲解本工种的安全操作规程和岗位责任。

重点讲解思想上应时刻重视安全生产，自觉遵守安全操作规程，不违章作业；爱护和正确使用机器设备和工具；介绍各种安全活动及作业环境的安全检查、交接班制度；告诉新工人出了事故或发现了事故隐患应及时报告领导并采取措施。

（3）讲解如何正确使用和爱护劳动保护用品和达到文明生产的要求。

要强调机床转动时不准戴手套操作，高速切削要戴防护眼镜；女工进入车间戴好工帽，进入施工现场和登高作业必须戴好安全帽、系好安全带；工作场地要整洁，道路要畅通，物件堆放要整齐等。

（4）实行安全操作示范。

组织重视安全、技术熟练、富有经验的老工人进行安全操作示范，边示范边讲解，重点讲解安全操作要领，说明怎样操作是危险的、怎样操作是安全的，以及不遵守操作规程将会造成的严重后果。

二、班组安全教育培训的内容

新员工分配到生产班组后，一般由班组长根据生产班组实际情况实施安全教育和岗位操作培训，具体包括安全知识、安全操作规程、生产技能等方面的培训。

1. 生产班组概况

由班组长给新员工介绍本班组的结构、工作范围、产品生产等工作情况。

2. 岗位状况

① 由班组长或班组核心骨干人员对班组的作业环境、设备状况、危险区等方面的介绍。

② 介绍企业或生产班组的规章管理制度及设备安全操作规程等注意事项，提高新员工的自我安全防护意识。

③ 生产作业防护，重点介绍相关作业岗位必须佩戴的安全防护用品及使用范围。

3. 事故防范

由班组长或安全培训人员经常组织班组员工参加安全事故防范演习，观看安全教育培训教材或幻灯片培训、学习安全宣传挂图及基本的急救方法等，从中吸取教训，安全警钟长鸣，防患于未然。

4. 特种岗位作业人员的安全教育培训

特种岗位作业人员是指国家法律法规规定的从事特种作业的人员。因特种作业人员发生安全事故可能对操作者本人和特种设备设施的安全造成重大危害，因此，班组长应配合厂部安全管理人员对特种岗位操作人员进行安全教育培训，根据《特种作业人员安全技术培训考核管理规定》，特种岗位作业分为以下几方面。

（1）特种岗位作业的范围。

① 电工作业。

② 焊接与热切割作业。

③ 高处作业。

④ 制冷与空调作业。

⑤ 煤矿安全作业。

⑥ 金属、非金属矿山安全作业。

⑦ 石油与天然气安全作业。

⑧ 冶金（有色）生产安全作业。

⑨ 危险化学品安全作业。

⑩ 烟花爆竹安全作业。

⑪ 应急管理部认定的其他作业。

（2）特种岗位作业人员安全教育培训的重点。

① 凡是特种岗位作业人员，必须通过资格考试合格取得上岗证。

② 凡是特种岗位作业人员，必须接受企业或生产班组相关特种岗位的安全教育培训后方可上岗。

③ 特种岗位操作人员必须遵照国家和企业安全生产及班组安全操作规程实施，若违反安全操作规程必须接受再教育培训或处罚。

第二节
班组安全生产管理

> 安全生产是企业的最基本管理工作方针，作为班组长，应如何做好班组安全和有效控制呢？具体来说，班组长应熟悉掌握一些安全管理方法。

安全生产管理是指运用有效的资源，通过各方协调改善，实现人们与机器设备、物料、环境的和谐，达到安全生产的目的。

一、什么是安全隐患

在班组生产活动中，由于人的因素、物的变化，以及环境的影响等会产生各种各样的问题、缺陷、故障、苗头、隐患等不安全因素，如果不发现、不查找、不消除，就会直接影响生产交货期和生产活动的正常进行，易导致事故的发生。因此，班组长必须了解安全隐患并及时改善，保证班组生产交期。安全隐患包括以下这几项。

① 相关设备存在的故障未及时处理。

② 维护不良而继续生产使用的。

③ 超出使用界限、超负荷使用的。

④ 相关生产设备缺乏安全防护措施的。

⑤ 相关电路绝缘不佳的。

⑥ 主要行走通道阻塞的。

⑦ 物体放置不当存在安全隐患的。

⑧ 未使用安全生产防护用品的。

⑨ 机械设备装置不当或操作不当的。

⑩ 违反安全操作规范的。

⑪ 私自拆卸生产安全防护装置的。

⑫ 设备没有人员看护的。

⑬ 超负荷、超载违章使用生产设备的。

⑭ 清扫、点检、维修和检查正在运转的设备的。

⑮ 危险区内没有设置警示标志，人员行走的。

⑯ 以手代替工具的。

⑰ 生产现场嬉戏打闹的。

⑱ 明知存在危险继续违章操作的。

二、容易发生生产事故的因素

班组生产活动发生生产事故的因素一般有以下几方面。

① 生产派工与人员分配不合理，易发生生产事故。

② 企业或班组安全教育培训流于形式，没有落到实处。

③ 省略生产设备操作规范培训步骤。

④ 违反安全生产管理制度，私自更改操作程序。

⑤ 员工带情绪上岗，安全意识疏忽。

⑥ 身体不适却上岗。

三、生产安全规范管理

安全事故是由于缺乏安全管理控制、不安全因素存在的隐患或缺乏安全意识导致的，因此，班组长必须进行安全生产规范管理，排除安全事故隐患和控制安全事故的发生。

1. 确定班组安全小组

通常，班组长为班组安全第一责任者，负责班组团队的安全事务全面管理，也可选择班组核心骨干人员作为安全生产监督员，班组长不在现场时有安全生产监督员负责，做到时时有人监督管理，严格执行安全生产管理的工作方针。

2. 安全教育培训

安全教育培训是企业和班组管理工作的重要组成部分，是从根本上杜绝人的不安全行为的重要措施，也是预防和控制事故的重要手段之一。只有做好企业的安全教育培训工作，才能保证其他安全工作和企业安全生产的顺利进行。安全教育培训主要注意以下几点。

① 新设备、新技术、新材料、新仪器使用前必须进行针对性的安全教育培训。

② 新进员工在上岗前必须接受班组长相关生产设备或安全操作规范方面的教育培训，经过考试合格后方可上岗。

③ 长时间休假人、违章操作人员返回岗位或操作设备前必须接受班组长安全教育培训，经培训考核合格后方可上岗。

④ 所有班组成员在入职前接受培训必须经过考核，并将培训的内容和考核合格情况记录存档。

3. 安全巡查

安全巡查是检查班组设备使用、操作规范实施过程的行为。

① 上班前的相关设备、环境、防护设施等情况的全面检查，是否存在安全隐患或需要立即整改。

② 上班后对相关机器设备操作规范、危险点、安全防护用品、员工状态等进行检查是否存在安全隐患或不正常现象。

③ 检查出的安全隐患必须设立警示标志并及时改善处理。

④ 新员工上岗操作设备必须有老员工负责指导和监督，在规定的期限内安全指导不能少于一个月，严禁新员工在学习期间独自操作。

4. 班组早会安全培训

班组必须经常安排早会安全教育培训，特别是早、晚班等分时段排班的班组，结合企业和班组实际情况做好安全宣导教育培训。

四、消除安全隐患与改善安全管理

安全生产始终是企业或班组管理的重中之重，也是班组长对班组员工高度负责的具体表现。因此，班组应做好日常生产安全管理规范、培训、检查、警示、整改等一系列工作，目的就是让班组每一名员工都能清楚认识到安全的重要性，并努力将安全意识和安全管理制度转化成自己的行为习惯。

1. 发现安全隐患

大部分安全事故都是因为粗心大意和违章操作造成的，也由各方面安全隐患因素所致，安全生产管理主要是通过预防管理和日常巡查发现生产作业现场存在的安全隐患。

① 评估目前生产作业现场的状况，做到预防为主。

② 对班组相关机器设备的运转状态随时进行检查，每一个细节必须检查，保证设备的安全性。

③ 检查作业程序是否存在不安全因素或安全隐患，做好检查记录并及时与设备维修人员沟通，制定改善方法。

2. 安全隐患预防管理

为了避免安全事故的发生，班组长应做好安全隐患预防管理，控制安全事故的发生，具体有以下几方面。

（1）公布安全责任。

班组长应做好安全生产操作责任制度，让班组所有人员清楚违反安全规章制度必须承担相应的责任，发生安全事故要负责。

（2）强化操作规范。

班组操作人员在生产作业前必须严格执行机器设备启动前的各项检查，在确认安全可靠后方可开机，若发现异常要先维修正常后方可使用。

（3）环境检查确认。

班组操作人员在生产操作前首先要对设备周围环境、水、电、气、油等配套设施检查确认。

（4）确认工作状态。

班组长在生产派工前要查看操作人员的工作情绪和状态，若出现人员情绪异常要及时了解纠正或调换操作人员，保证生产安全。

（5）隐患排查。

班组长在发现设备异常后，应立即知会专业维修人员进行维修处理，在保证设备运转状态正常的情况下方可生产操作，严禁设备不正常使用。

3. 班组安全注意事项

班组安全生产管理必须关注各个环节和细化操作程序。因此，班组长必须注意以下几方面。

（1）严格执行设备点检巡查制度。

班组长根据班组设备管理相关要求，必须经常性地对生产设备进行点检和维护保养，根据设备结构和运行情况及特性规范生产设备的点检并形成制度化，班组长应定期或不定期地点检巡查与维护保养。

（2）及时处理设备故障。

生产设备发生故障后，直接造成生产进度、产品质量、安全事故及人身安全等重大事故。因此，班组长在发现或接到故障信息后应及时处理故障设备，保障生产工作顺利进行及控制安全事故。

（3）标准化规范操作。

降低安全事故的方法之一就是制定生产作业规范、设备操作规范及安全管理制度，形成班组工作管理制度。只要进入工作岗位，班组成员必须严格按照安全管理制度和操作规范执行，新进员工在入职后必须进行安全制度和操作规范工作培训，经考核合格后方可上岗。

（4）轮班交接管理。

在生产班组轮班管理过程中，班组长应做好每天的轮班交接工作，并将生产情况、设备运转、安全隐患等信息与下一班组进行沟通，避免出现一上班就发生设备故障或安全事故的情况。

（5）生产防护管理。

生产防护是国家和企业为保护劳动者在劳动生产过程中的安全和健康所采取的立法、组织和技术措施的总称，目的是给企业员工提供安全、卫生、舒适的生产环境，消除生产过程中可能存在的工伤事故或职业中毒，保证班组生产工作顺利进行。

五、职业病预防管理

职业病是指企业员工在生产活动中，因接触粉尘、放射性物质和其他有毒、有害物质等因素而引起的疾病。

1. 影响员工的职业环境

职业环境影响企业员工健康的成因一般分为三大类，具体如图12-1所示。

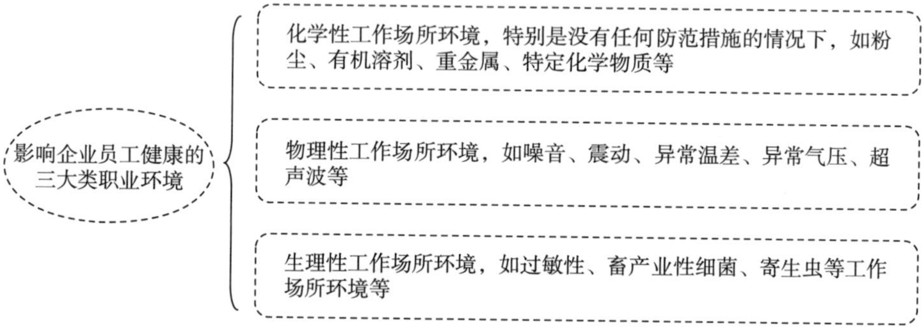

图12-1 影响企业员工健康的职业环境

2. 职业环境管理控制

根据《中华人民共和国职业病防治法》，以预防为主、防治结合的指导方针，职业卫生的目标是对以上有害的生产作业环境进行掌握控制并制定有效措施，确保企业员工的健康安全，一般控制方法有以下三种，具体如图12-2所示。

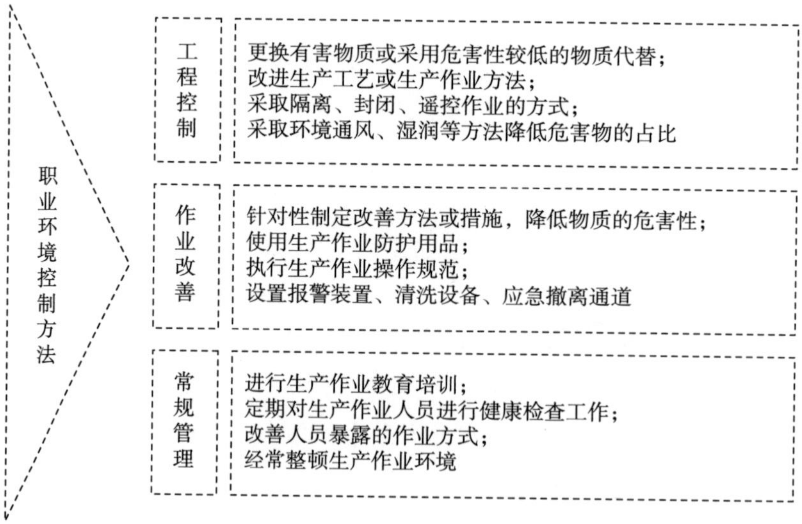

图12-2 职业环境控制方法

第三节
安全事故防范处置

> 相对来说，只是掌握了一些常规性的方法还不够，还是会有安全事故隐患存在。因此，班组长必须制定好安全管理预防措施和监督管理机制，这是班组安全生产管理的重要工作基础。

安全事故是指企业员工在生产活动中因意外造成伤亡。企业或班组发生安全事故时，班组长应及时组织好救援和保护事故现场，并积极采取相关安全处理措施，防止事态进一步扩大。因此，班组长应掌握生产现场安全事故的处理方法或措施。

一、安全事故的起因

安全事故的发生是由相关联的事件联系在一起造成的。通常，安全事故源自生产活动的人、事、物的连锁反应，导致企业员工伤亡和财产损失。

1. 造成安全事故的因素

导致安全事故的发生必然存在一定的相关因素，包括违章操作、工作情绪、不安全因素、安全教育缺失、管理缺失五方面因素，具体如下。

（1）违章操作。

违章操作是指班组员工在生产操作过程中，没有按照企业或班组制定的安全操作规程执行操作导致安全事故的发生。

（2）工作情绪。

工作情绪是指个人因性格原因或工作不顺心所引起的情绪复杂化，如脾气粗暴、轻率大意或意气用事等，导致在生产操作过程中发生安全事故。

（3）不安全因素。

不安全因素是指在生产现场已经形成不安全因素但未及时维修处理，导致员工在生产操作过程中发生安全事故，如机器老化不能正常运转，设备运转位置丝杆松动但未及时更换处理等。

（4）安全教育缺失。

安全教育缺失是指生产企业或生产班组只重视生产效率而不重视安全生产教育培训，导致企业员工因缺乏安全意识和工作麻痹大意导致安全事故的发生。

（5）管理缺失。

管理缺失是指生产企业或生产班组缺乏安全管理组织和安全管理体系，或是监管职责不到位、检查制度形同虚设，导致安全事故的发生。

2. 意外安全事故的因素

意外安全事故是指企业员工的行为虽然在客观上造成了损害结果，但不是故意或过失，而是由于不能抗拒或不能预见的原因造成的。如某企业叉车驾驶员见前面有几个人在厂区慢慢行走，预见到快速驾驶可能会发生安全事故而放慢车速，当车行驶到人身边时，其中一人突然冲向叉车，叉车驾驶员刹车不及造成前者死亡，驾驶员对死者的行为是无法预见的，这就是意外安全事故。意外安全事故的发生原因一般有以下三种。

（1）直接原因。

直接原因包括不安全的操作规范和不安全的环境。

① 不安全的操作规范是指班组员工未能按照企业安全规范操作执行，如不恰当使用生产设备及不安全的动作姿势，或是未按照操作规定佩戴安全防护用品等。

② 不安全的环境如生产作业现场的粉尘、照明、装置、布局不合理，生产现场脏、乱、差等情况。

（2）间接原因。

间接原因一般是指企业在管理上不太规范，班组长安全管理观念意识不强或不重视安全。如班组长对安全管理教育培训不够重视、安全生产过程检查不到位或执行不力导致形成安全事故。

（3）基本原因。

发生意外安全事故的基本原因主要是人为性的行为因素。

① 企业员工在工作场所、工作时间、工作状态、工作动机、行为动作等方面不恰当导致发生安全事故。

② 工作因素，包括生产设计不良的器具、复杂结构和违反生产操作规程导致意外安全事故的发生。

二、安全事故预防管理

安全事故直接给企业生产活动造成不可估量的影响和危害。因此，班组长必须搞好生产班组安全事故预防管理，对于减少企业经济损失和保证班组安全生产管理工作的顺利进行有非常重要的作用。

① 强化隔离或封闭危害的源头管理，例如增加机器设备防护装置或改进紧急制动设施。

② 强化安全教育培训和安全操作检查责任监督管理，如每日班组早会进行安全培训、定时或不定时对班组生产岗位进行监督检查和纠

正不安全的行为现象，发现安全隐患严格执行责任处理。

③ 设备、工艺流程的改良改善，全面改善一切生产过程中存在的不安全操作环节，如改良或更换生产设备、使用机械手、使用工装夹具等措施。

④ 及时改善生产作业环境，特别是有重大安全事故隐患的工作场所，例如增添照明装置、控制粉尘及通风设施改良等。

⑤ 建立并完善安全检查管理制度，怀着严格追究责任的决心。

三、安全事故防范措施处理

1. 生产安全事故的种类

（1）危险物伤害事故。

包括工业油漆、煤气、化学物质和一氧化碳中毒伤害事故等。

（2）电气伤害事故。

是指接触电器装置或没有绝缘的电线而引起的电击、电灼伤等事故。

（3）机械伤害事故。

是指生产机器设备运转部位或其他生产工具使用不当、缺乏安全防护装置等原因造成的安全事故。

（4）高处坠落伤害事故。

是指从上方坠落的不同物体对人体造成的伤害事故。

（5）火灾伤害事故。

是指引火而引起的对企业员工造成伤害的事故。

2. 安全事故的处理要求和措施

（1）安全事故的处理要求。

① 生产班组发生安全事故后，班组长应立即组织生产班组的工友

或同事抢救伤员，并做好事故现场保护措施，同时紧急汇报给上级或安全部门。

② 抢救受伤的员工时，应注意避免安全事故的再次发生，在安全的情况下先关闭电源或气体，而后抢救安全事故伤员。

③ 急救原则，班组长在抢救受伤的员工时，应先离开事故现场、先复位后固定、先止后包、先重后轻、先救后运。

（2）安全事故的应急救援步骤。

生产班组发生安全事故后，班组长应保持头脑清晰，临场镇静，切忌惊慌失措，避免出现安全事故的再次发生或扩大化。因此，班组长应按照以下步骤应急处理安全事故。

第一步：关闭事故现场所有电源、水源、气体等，避免安全事故恶化或扩大化。

第二步：及时疏散事故现场人员并组织班组骨干进行伤员转移处置。

第三步：组织人员随伤员进行救治处置。

第四步：及时转移事故现场存在的易燃、易爆、易腐蚀等危险物品至安全地带或安排人员远离监督。

第五步：组织人员进行事故现场灭火、降温、导流等措施。

第四节
工伤事故分析和处理

安全生产管理是企业管理者常抓不懈的长期性工作，一旦发生安全工伤事故，作为班组长必须熟悉一些基本的工伤事故分析与处理方法。

一、工伤事故分析

工伤事故的发生必然存在各方面隐患和不安全因素，因此、调查生产安全事故前必须先对事故的信息进行汇总收集和处理。

伤亡事故是指企业生产人员在生产劳动过程中或在本岗位劳动，或虽不在本岗位劳动，但由于企业的设备和设施不安全、劳动条件和作业环境不良、管理不善，以及被企业领导指派到企业外从事本企业活动，所发生的人身伤害（即轻伤、重伤、死亡）和急性中毒事故。

生产工伤事故按照其严重程度一般分为以下五种。

（1）轻微事故。

指受伤人员只有轻微伤的事故。轻伤，指造成员工肢体伤残或某些器官功能性、器质性轻度损伤，表现为劳动能力轻度或暂时丧失的伤害，损失工作日低于 105 日。

（2）重伤事故。

指生产人员有重伤但无死亡的事故。重伤，指造成生产员工肢体残缺或视觉、听觉等器官受到严重损伤，一般能引起人体长期存在功能障碍或劳动能力有重大损失的伤害，损失工作日达105日（含）以上。

（3）死亡事故。

指一次死亡1～2人的事故。

（4）重大伤亡事故。

指一次死亡3～9人的事故。

（5）特大伤亡事故。

指一次死亡10人（含）以上的事故。

二、收集现场物证

① 安全事故现场的破损物件、物品、残留物、致害物的位置等。

② 对收集到的现场物证进行标签概括，将发现物证的地点、时间和发现人员等情况进行记录。

③ 保持事故现场物证的原样，不准清洗改变原状态。

④ 对具有危险或危害性质的物证进行区别防护保存的原则。

三、采集事故相关材料信息

① 事故发生的单位、地点、时间。

② 事故受害人和肇事人的姓名、性别、年龄、文化程度、技术职称、入职情况、工作内容、工作程序等。

③ 事故受害人接受安全培训记录情况。

④ 发生事故当天什么时间开始工作、工作的内容、工作量、作业

程序或工作位置。

⑤ 事故受害人与肇事人的工作关系或曾经发生过的情况。

四、事故有关背景材料

① 事故发生前相关生产机器、设备设施的安全性能和运转记录情况。

② 生产使用物料必要时进行物理性能或化学性能试验分析。

③ 有关生产工艺技术资料文件、工作计划和规章制度方面的资料执行情况。

④ 工作现场环境状况，如照明、湿度、温度、通风、噪音、通道及工作环境中有毒、有害物质分析记录。

⑤ 生产员工安全防护状况是否符合工作要求，质量、使用范围等。

⑥ 事故发生前，受害人与肇事者的身体健康状况。

⑦ 可能与事故有关的过程细节或隐患及因素。

五、工伤事故的原因分析

1. 工伤事故的直接原因

工伤事故的直接原因有以下几点。

① 人的不安全行为因素。

② 生产机器设备、物质、环境、存在的安全隐患因素。

2. 工伤事故的间接原因

工伤事故的间接原因有以下几点。

① 生产工艺流程、机器设备、操作方法、物料使用异常等存在的问题。

② 不重视或缺乏安全教育培训、生产操作规范，安全知识匮乏和自我安全防护意识薄弱。

③ 生产布局和设计不合理。

④ 安全生产过程监督检查走形式和防范措施不到位等。

六、明确工伤事故责任

① 根据工伤事故的直接原因和间接原因调查分析，切实了解掌握事故的全部过程并确定直接责任者、间接责任者和领导责任。

② 通过对事故的调查，根据事故造成的后果明确事故责任者应负的责任并提出处理建议。

七、事故结案

当确定事故责任和事故处理完毕后，应将工伤事故的所有调查材料归档。工伤事故的材料一般包括以下几方面。

① 员工工伤调查记录材料。

② 员工伤亡事故调查书面报告书。

③ 事故现场调查记录、图片、照片资料等。

④ 技术鉴定或检验报告等。

⑤ 物证、人证的相关证明材料。

⑥ 直接和间接经济损失书面报告材料。

⑦ 事故受害人或肇事者的口述记录资料。

⑧ 医疗部门对事故受害人出具的医疗诊断书等材料。

⑨ 发生事故时的生产工艺、环境、操作等调查材料。

⑩ 对相关责任者的处理决定材料。

⑪ 工伤事故调查小组成员的姓名、职务、单位等详细资料。

第五节
安全生产实战案例

安全生产管理如果只是通过安全理论表述，或许感到枯燥生硬、难以理解。因此，本节通过一些亲身经历的安全事故案例，有针对性地对班组长安全管理中存在的一些问题进行梳理，有助于帮助班组长在实际工作中应用。

实战案例 5.1

侥幸心理，酿成悲剧

某塑胶企业有严格的安全管理规定，在工作时间严禁饮酒。陈某是企业多年的老员工，资格老、技术优秀，每年都被厂部评为优秀员工，日常工作中能够处理好所有的难题。因此，陈某存在一种侥幸心理，在某天晚班前喝了一瓶啤酒，班组长发现后，提出酒后不可上班，但因为陈某是多年老员工，技术经验丰富，能够处理一些异常情况，他本人保证没什么事情，班组长也就没再坚持。就在当日晚班搅拌机设备进行点检时，陈某头晕跌入搅拌机内，结束了生命。生产班组长也因忽视安全生产造成重大安全事故被企业解雇。正是陈某被认为是多年的老员工，熟悉所有的机器设备，而班组长也需要陈某为班组维修生产设备，碍于情面睁一只眼闭一只眼，最终导致发生严重的安全生产事故。

分析：

在工作时间严禁饮酒是企业员工必须严格执行的安全管理制度，晚班的生产班组长是负责安全生产管理的主要责任人，必须严格执行企业安全规章管理制度，发现设备维修人员有饮酒情况后，应该立即阻止陈某继续上班；陈某作为老员工，也不应认为自己资格老而心存侥幸心理。执行安全规章管理制度是对企业和班组员工的安全保障，因此，班组长在生产管理活动中，一定要严格执行企业和班组安全管理制度。

实战案例 5.2

不守工作纪律，抱憾终生

在某企业，正值青春年华的张某和叶某在同一个车间工作，两人关系非常要好，经常开些玩笑，在某周末将要下班时，两人不遵守工作纪律，开始嬉戏、追逐打闹。当班组长发现后，立即要求二人停止嬉戏，但两人并未注意到危险，叶某在转身的时候不小心撞到了存放化学品的工作台，容器内的化学清洗剂喷溅到叶某眼睛里，叶某顿时发出了惨痛的呼叫。班组长和行政部立即将叶某送到人民医院治疗，由于化学清洗剂带有一定的腐蚀性，最终造成叶某左眼失明。

工作时间不遵守工作纪律，在工作区域追逐嬉戏是严重违反车间管理工作制度的行为，是缺乏自我纪律约束和安全防范意识的表现，由于一时的疏忽抱憾终生。

分析：

车间工作纪律是对所有员工工作质量和安全保障的基本要求。因此，班组长在工作中必须加强工作纪律和安全自我防护意识的教育培训，同时制定好化学危险品的使用和防护制度，让安全隐患远离每一位班组员工。